本书为遵义师范学院学术著作出版基金资助成果

《文旅遵义》编委会 编

WENLVZUNYI

文旅遵义

中央民族大学出版社
China Minzu University Press

图书在版编目（CIP）数据

文旅遵义/《文旅遵义》编委会编. —北京：中央民族大学出版社，2019.11（2020.6重印）

ISBN 978-7-5660-1704-8

Ⅰ.①文… Ⅱ.①文… Ⅲ.①旅游资源—介绍—遵义 Ⅳ.①F592.773.3

中国版本图书馆 CIP 数据核字（2019）第 187483 号

文旅遵义

编　　者　《文旅遵义》编委会
责任编辑　舒　松
责任校对　杜星宇
封面设计　舒刚卫
出 版 者　中央民族大学出版社
　　　　　北京市海淀区中关村南大街 27 号　邮编:100081
　　　　　电　话:(010)68472815(发行部)　传真:(010)68932751(发行部)
　　　　　　　　 (010)68932218(总编室)　　　(010)68932447(办公室)
发 行 者　全国各地新华书店
印 刷 厂　北京建宏印刷有限公司
开　　本　787×1092（毫米）　 1/16　 印张:15
字　　数　210 千字
版　　次　2019 年 11 月第 1 版　 2020 年 6 月第 2 次印刷
书　　号　ISBN 978-7-5660-1704-8
定　　价　98.00 元

《文旅遵义》编委会

历史文化与旅游学院
乌江流域历史文化研究中心

序　言

　　文化和旅游资源是旅游业发展的前提，是旅游业的基础。一般而言，自然界和人类社会凡能对旅游者产生吸引力，可以为旅游业开发利用，并可产生经济效益、社会效益和环境效益的各种事物现象和因素，均称为旅游资源。旅游资源主要包括自然风景旅游资源和人文景观旅游资源。中国是世界旅游资源的大国，种类多样，类型丰富，同时也是世界旅游资源强国，美丽的中国创造了众多的世界级旅游资源，从万里长城到秦始皇陵，从世界第一高峰珠穆朗玛峰到世界第三大河万里长江，从多姿多彩的民族风情到榜上有名的"非遗"资源。中国旅游业发脉于40年前，从一个基础薄弱的产业开始，今天中国已成为具有世界影响力的旅游目的地国和旅游客源国。这些丰富多样的旅游资源是中国成为世界旅游强国的最重要支撑。2018年文化和旅游部的成立，使中国旅游业的发展进入了文旅融合发展的新时代，大量的文化资源也成为重要的旅游资源，进一步促进文化和旅游业的大发展。新成立的文化和旅游部重要的职责之一就是"组织实施文化和旅游资源普查、挖掘、保护和利用工作，促进文化产业和旅游产业发展"，文化和旅游资源的开发、保护和利用进一步受到各级政府的高度重视。

　　遵义是我国首批国家历史文化名城，也是贵州省唯一既拥有世界自然遗产，又拥有世界文化遗产的城市。拥有世界文化遗产海龙屯、世界自然遗产赤水丹霞。享有"中国长寿之乡""中国厚朴之乡""中国金银花之乡""中国高品质绿茶产区""中国名茶之乡""中国吉他制造之乡"等称号。曾获得"全国文明城市""国家森林城市""国家卫生城市""双拥模范城市""中国优秀旅游城市"

"国家园林城市"等多项殊荣。同时也是中国三大名酒"茅五剑"之一的茅台酒的故乡。同时也拥有丰富的红色旅游资源。遵义是中国革命的转折之地，2008年5月16日遵义会议纪念馆列入国家文物局首批国家一级博物馆。2017年1月，国家发改委网站公布《全国红色旅游经典景区名录》，遵义会议纪念馆入选。2017年12月，遵义会议纪念馆入选第一批中国中小学生研学实践教育基地。三年前，我有幸第一次访问遵义师范学院，得到历史文化与旅游学院陈季君院长的热情接待，她也陪同我考察遵义的文化和旅游资源，使我对遵义逐渐熟悉起来，也慢慢喜欢上这个黔北的小城。在陈院长的力邀之下，我每年都来到遵义师范学院，和历史文化与旅游学院的年轻教师们一起相互学习，共商遵义旅游发展，我对陈院长的敬业精神深深钦佩，也为年轻的旅游教师的努力执着深深感动。作为旅游院校，虽然我们无法直接从事旅游产业的经营，但是可以对旅游产业进行深入的研究，特别是需要对文化和旅游资源进行调查，准确掌握旅游资源的类型和分布以及开发现状，有些资源可以充分利用，为旅游业发展提供支持，有些资源暂时不适合开发，还是要以保护为主，如果能把遵义的文化和旅游资源充分利用和保护起来，那么就能更好地促进遵义旅游业的发展。

摆在我们读者面前的是遵义师范学院历史文化与旅游学院旅游管理学科团队不畏艰苦，通过搜集资料和实地调查，并本着"挖掘文化旅游资源，服务遵义旅游发展，展现特色地域文化"的原则，组织编写的《文旅遵义》一书，其书调查翔实，内容丰富，可以促进更多的游人对遵义特色文化及文化旅游有所了解，感谢陈院长及其团队不辞辛劳，奔波在黔北大地上，为读者送上如此一本美妙的书籍。我们也更加希望亲爱的读者们能够喜欢这本书，认识遵义、理解遵义、热爱遵义！

上海师范大学环境与地理科学学院院长

2019 年 11 月 2 日

前　言

　　文化是旅游的灵魂，旅游是文化的载体。文化与旅游相生共兴、相辅相成。20 世纪 80 年代，文化旅游作为一个专业名词开始出现，它是指"旅游者主要以消费文化旅游产品、体验与享受旅游活动中的文化内涵，从而获得身心愉悦的一种旅游活动[①]"。文化旅游从产生开始，一直备受青睐。尤其是最近几年，随着旅游业的不断发展和旅游消费水平逐渐提高，旅游需求不再局限于传统的观光旅游，对旅游目的地文化体验的需求不断扩大，文化旅游已经成为最具吸引力的旅游类型，文化旅游发展前景广阔。

　　遵义市位于贵州、四川、重庆三省（直辖市）交界处，地处成都、重庆、贵阳三大城市中心腹地。区位优势明显，旅游资源丰富，文化旅游资源涵盖国家标准的 8 个主类、26 个亚类、124 个基本类型，具有红色文化、茶文化、土司文化、仡佬文化、酒文化、遗产文化等特色地域文化，是贵州省唯一既拥有世界自然遗产，又拥有世界文化遗产的城市。赤水丹霞世界自然遗产与海龙屯世界文化遗产交相辉映。凭借丰富的文化旅游资源，近年来遵义市大力发展文化旅游，2009 年，遵义市政府颁发了《中共遵义市委关于加快建设文化旅游强市的意见》明确提出："加强遵义特色文化基础研究，充分展示遵义会议伟大精神，丰富提升长征文化、国酒文化、丹霞文化及茶文化、竹文化独特魅力。利用遵义唯一性和代表性旅游资源，以创建顶级景区为目标，以丰富景区内涵为核心，深入挖掘展示景区历史源流和文化价值，提升景区文化品位，精心策划包装打造遵义会议、四渡赤水、国酒茅台、丹霞竹海、中国茶海五个品牌，使其成为国内外知名的景区

① 任冠文：《文化旅游相关概念辨析》，《旅游论坛》2009 年第 4 期，第 159-162 页

① 遵义市政府:《中共遵义市委关于加快建设文化旅游强市的意见》, 2009

品牌①"。2016年2月, 遵义成为首批全域旅游示范区创建城市, 为遵义旅游业迎来了新一轮发展的契机。

为了让更多的人对遵义特色文化及文化旅游有所了解, 遵义师范学院历史文化与旅游学院旅游学科团队本着"挖掘文化旅游资源, 服务遵义旅游发展, 展现特色地域文化"的原则, 组织编写了《文旅遵义》一书。由于遵义文化旅游资源丰富, 文化旅游产品数量众多, 特色鲜明, 区区十几万字的篇幅, 无法对遵义的文化旅游产品尽数展现, 因此, 该书选取了遵义文化旅游中的红色文化旅游、世界遗产旅游、酒文化旅游、茶文化旅游、少数民族民俗文化旅游、美食文化旅游进行介绍, 它们只是遵义众多文化旅游产品的代表, 希望通过对它们的展现, 让读者领略遵义文化旅游的魅力。

本书从整体构思、搜集资料、实地调研到整理成文, 历时半年。在本书撰写过程中, 遵义市文体旅游局、遵义各县区市文化旅游局、遵义会议纪念馆、四渡赤水纪念馆等给予了大力支持和帮助, 上海师范大学高峻教授、卢松教授、李名亮教授、郭鑫博士等对本书的编写给予了精心指导。在此, 谨向所有提供帮助指导的领导、专家和同仁表示诚挚的感谢! 由于时间仓促, 编者水平和能力有限, 本书难免存在错漏和不足, 敬请各位专家学者批评指正。

《文旅遵义》编委会
2019年8月

目　录

第一章　概　论

第一节　遵义概况……………………………………………………… 3

第二节　遵义文化概况………………………………………………… 4

第二章　转折圣地：遵义红色文化旅游

第一节　遵义红色文化概况…………………………………………… 11

第二节　遵义红色文化旅游产品……………………………………… 15

第三章　名城双璧：世界遗产旅游

第一节　世界遗产概况………………………………………………… 35

第二节　碧水丹青——赤水丹霞……………………………………… 37

第三节　神秘土司——海龙屯………………………………………… 51

第四章　美酒飘香：遵义酒文化旅游

第一节　遵义酒文化概况……………………………………………… 79

第二节　遵义酒文化旅游产品……………………………………　93

第五章　西部茶海：遵义茶文化旅游

第一节　遵义茶文化概况……………………………………　119

第二节　遵义茶文化旅游景点介绍………………………　144

第六章　多元民俗：遵义少数民族民俗文化旅游

第一节　遵义少数民族民俗文化概况………………………　158

第二节　遵义民俗文化旅游产品………………………………　161

第七章　五味俱全：遵义美食文化

遵义美食文化概述……………………………………………　195

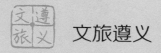

文旅遵义

第一章
概　　论

第一节　遵义概况

　　遵义是国务院首批公布的 24 个历史文化名城之一，拥有全国双拥模范城、中国酒文化名城、中国优秀旅游城市、国家园林城市、国家卫生城市、国家森林城市、国家环保模范城市、全国文明城市等城市名片。遵义市位于东经 105.36—108.13 和北纬 27.8—29.12，地处重庆市、四川省、贵州省的接合部，与铜仁市、金沙县、贵阳市、黔南布依族苗族自治州、黔东南苗族侗族自治州交界，国土面积 30762 平方公里，辖 14 个县（市、区）及新蒲新区，总人口 780 万。遵义市山川秀美、资源丰富、气候宜人，属于典型的亚热带温暖湿润季风气候，雨热同期，四季分明，冬无严寒，夏无酷暑，年平均气温 14—18℃，气候舒适度高。

　　遵义是中国著名的革命历史名城，是一座历史悠久的文化古城。遵义在殷商时，是鬼方的领土，春秋战国时期，曾是巴、蜀、夜郎等国的领地。秦时属巴郡。从公元 624 年（唐太宗贞观十六年）开始，"遵义"开始用作地名，取义于《尚书》："无偏无陂，遵王之义"。宋代先后设立过遵义军和遵义砦（寨）。"明万历二十八年（1600）年，播州改置遵义军民府（隶四川）、平越军民府（隶贵州）。清初，遵义府改属贵州省。辛亥革命后，废弃府的建制。1935 年贵州省设 11 个行政督察区，黔北为第五行政督察区，专员公署先设在桐梓，后迁遵义县城（即今红花岗区）。1949 年 11 月黔北各县先后设置遵义专区，后称遵义地区，1997 年撤销遵义地区设地级遵义市 [1]"。

　　现遵义市全市下辖 3 个区、7 个县、2 个民族自治县、2 个市及新蒲新区，即：红花岗区、汇川区、播州区，桐梓县、绥阳县、正安县、凤冈县、湄潭县、余庆县、习水县，道真仡佬族苗

① 贵州省旅游局，贵州广播电视大学：《贵州导游基础知识》，北京：中国旅游出版社，2015 年，第 128 页

族自治县、务川仡佬族苗族自治县，仁怀市［2013 年 7 月 1 日起划转为首批省直管县 (市) 试点］、赤水市和新蒲新区。

第二节　遵义文化概况

遵义地处黔北，是云贵高原上一颗璀璨的绿宝石，全市森林覆盖率达 54.7%，冬无严寒，夏无酷暑，年平均气温 14—18℃。有彪炳千秋的"遵义会议会址"，有名扬中外的茅台酒，有喀斯特地貌发育最成熟、面积最大的世界自然遗产赤水丹霞，还有始建于唐朝、扩建于南宋及明朝的古军事城堡海龙屯世界文化遗产，以及铺山盖岭的广袤茶海、神秘古朴的仡佬族民俗、独树一帜的美食文化。这些文化交相辉映，相得益彰，成就了遵义多彩多姿的旅游大观，目前的旅游品牌主要包括遵义会议、四渡赤水、世界遗产、中国茶海、乌江画廊、仡佬之源等。

遵义红色文化丰富。在中国共产党领导下，遵义人民在长征时期和抗日战争时期为革命事业做出了巨大的贡献。尤其是在红军长征时期，红军实施战略转移，遵义是红军停留战斗的主要地域之一。在遵义战斗的三个多月时间中，红军的足迹遍及遵义的每一片土地，现在遵义市的 160 多个乡镇都曾经是红军英勇战斗、流血牺牲的地方。现在遵义所辖的各县区市广泛分布着红色文化遗址遗迹，其中汇川区、红花岗区、播州区、仁怀市、赤水市、习水县、桐梓县较集中。遵义市的红色文化，在时间上相对较集中，主要集中于 1935 年 1 月到 1935 年 3 月红军长征时期转战遵义这一时间段。遵义红色文化这种时间较集中的特点，决定了遵义红色文化的主题主要包括"长征、红军、转折、毛泽东"这四个方面，具有主题鲜明、主线突出的显著特点，是中国革命和中国共产党发展史上的伟大转折，也是毛泽东同志个人革命生涯的伟大转折，在中华人民共和国和中国共产党历史上具有不可替代的重要作用。从精神内涵上说，遵义的红色文化精神内涵包括长征精神、遵义会议精神、四渡赤水精神等，内涵丰富，是中国共产党和中国人民的一笔宝贵精神财富。

遵义市拥有赤水丹霞世界自然遗产和海龙屯土司世界文化遗产两项世界遗产，成为我国极少数同时拥有世界自然遗产和世界文化遗产的城市。2010 年，遵义市的赤水丹霞与湖南崀山、广东丹霞山、福建泰宁、江西龙虎山、浙江江郎山组合成的"中国丹霞"在第 34 届世界遗产大会上成功列入《世界遗产名录》，成为中国第 8 项世界自然遗产，是贵州省的第二项世界遗产，遵义市的第一项世界遗产。2015 年，遵义市播州海龙屯土司遗址、湖南省永顺老司城遗址和湖北省唐崖土司城遗址联合组成的"中国土司遗址"被列入《世界遗产名录》。至此，贵州省拥有了第一项世界文化遗产，遵义市也拥有了第二项世界遗产。遵义市也成了极少数同时拥有不同基本类型世界遗产（同时拥有世界自然遗产和世界文化遗产或同时拥有世界自然遗产和双重遗产或同时拥有世界文化遗产和双重遗产）的城市。同时拥有不同基本类型遗产的城市仅有贵州遵义市（赤水丹霞、海龙屯土司）、四川成都市（青城山—都江堰、四川大熊猫栖息地）、重庆市（大足石刻、武隆）和安徽黄山市（黄山、西递、宏村）。彰显了遵义市在中国世界遗产名录中的地位和重要性。

遵义酿酒的历史源远流长，是全国闻名的酒乡。早在商周时期，土生土长的遵义仡佬族先民濮人就已熟练掌握了酿酒的技术；全国八大名酒中的茅台酒和董酒都产自这里。目前，遵义市拥有全国最大的酱香型白酒企业茅台酒厂，形成了以茅台酒为龙头，习酒、珍酒、董酒等知名品牌共同发展的综合性白酒产业体系，保存有茅台酒酿酒工业群遗址等大量酒文化相关遗址遗迹，还形成了独具自身特色的"三幺台"等酒礼酒俗。依托深厚的酒文化底蕴，遵义市酒文化旅游发展亦是如火如荼，涌现出了仁怀市中国酒文化城、茅台古镇旅游区、遵义习水宋窖博物馆、仁怀市中国酒都酱酒文化纪念馆等一批精品酒文化旅游景区景点，它们在充当记录遵义乃至全国白酒文化历史变迁的物质载体的同时，更构成了全市文化旅游的重要组成部分。

遵义有很长时间的种茶历史，在种茶饮茶的过程中，形成了底蕴深厚的茶文化，从古代至今，已有上千年历史。无数的文人墨客和大批饮茶爱好者，为遵义留下了数以万计的人文作品和民间文学作品。西汉扬雄著《方言》中记载："蜀西南人，谓茶为蔎"，当时的蜀地就包括遵义。东晋常璩撰《华阳国志·巴志》载："涪陵郡（辖今贵州遵义的道真、正安、务川等县）……惟出茶、丹、漆、蜜蜡"。唐代著名茶学家陆羽的《茶经》中记载："黔中生思州、播州、费州、夷州……往往得之，其味极佳"。今遵义大部茶区均属古思州、播州、夷州范围。宋代大文豪黄庭坚在贬谪思州时曾作《阮郎归》，赞"黔中桃李可寻芳，摘茶人自忙……都儒春味长"。都儒就是现在的遵义市务川仡佬族苗族自治县。据清《贵州通志》记载："黔省所属皆产茶……湄潭眉尖茶为贡品"。抗日战争期间，国民中央茶厂和浙江大学先后落户西南的"小江南"湄潭，推动了湄潭茶产业的发展，也影响了贵州茶产业的方向。国民中央实验茶场的第一位场长是毕业于美国哈佛大学的昆虫博士刘淦芝先生，他同时也兼任浙江大学农学院教授。在湄潭期间，刘淦芝与浙大教授们开设"湄江吟社"，一边品茶谈诗，一边评论时局。浙江大学在湄潭的七年时间里，不仅教会湄潭人民如何种茶，更是向遵义人民传递了茶文化精神内涵。在历史的长河中，茶文化的印记也已经深深地印在了遵义各地人民的身上，形成自己独特的茶礼、茶俗。

仡佬族、苗族、土家族是遵义少数民族中人数较多的民族，在长期的生产、生活中，他们形成了独具黔北特色的民俗文化，其中仡佬族的饮食民俗：熬糖待客，逢六煮酒以及被列入国家级非物质文化遗产代表作名录的仡佬族三幺台宴和仡佬族的建筑民俗：干栏式建筑；仡佬族的社会民俗：吃新节、高台舞狮、牛王节、打篾鸡蛋。苗族的社会民俗：苗族过年、斗脚舞、滚山珠、采山节以及服饰民俗。土家族的饮食民俗：绿豆粉、花甜粑；社会民俗：过赶年、火龙舞、山王节、船灯等，都是其中的典型代表。

　　由于地理位置、物产、气候、民俗文化等原因，遵义食物偏好麻辣、香辣，也非常喜爱酸辣。目前遵义的美食文化既有一定的底蕴、又独树一帜、风格独特。遵义的美食文化主要包括了粉面文化、火锅文化、洋芋文化、粑粑文化等，每种美食背后都有自己独特的内涵。

　　遵义，一个您不可不来的地方。遵义，一个您来了就不想走的地方。

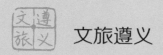

第 二 章
转折圣地：遵义红色文化旅游

遵义，一个中国人不可能不知道的地方。中国革命的伟大转折——遵义会议，毛泽东军事指挥艺术的神来之笔——四渡赤水，红军长征途中的第一场胜仗——娄山关战役都发生在这里，还有无数为了中华民族与中华人民共和国牺牲奉献的红军的故事，流传在这里。所有这些，让遵义这座城市被歌颂、被敬仰，成为无数人心目中的"红色圣地"。

第一节　遵义红色文化概况

在中国革命史上，遵义市具有光荣的革命传统。作为著名的革命老区，遵义市是国务院首批公布的 24 座历史文化名城之一。

遵义在抗日战争期间是重要的大后方。抗战期间，遵义全民动员，节衣缩食，支持内迁机构，积极投身抗日战场。整个抗日战争时期，15 万遵义热血青年投身到抗日战场，数千英雄的遵义儿女为抗战而牺牲了自己宝贵的生命。可以说，抗日战争时期，遵义人民用自己的血肉筑起了抵御外敌的钢铁长城，同全国同胞一起浴血战斗，保卫了大后方的安全，最后取得了抗日战争的胜利。

长征时期，遵义是红军停留时间较长的地域之一。遵义作为重要的战略转移地，是红军浴血战斗、英勇牺牲的地方，遵义的土地，大多留下了红军的足迹。因此，遵义市范围内拥有大量的红色文化。遵义红色文化的主题主要包括"长征、红军、转折、毛泽东"这 4 个方面，具有鲜明的特点，主要包括：

一、红色文化数量丰富，类型齐全

遵义的红色文化数量丰富，类型齐全，主要包括革命遗址遗迹、革命文物、文献资料等物质类红色文化和革命文艺、革命故事、革命标语口号等非物质类红色文化。单就革命遗址遗迹而言，根据遵义市 2010 年革命遗址遗迹普查结果，遵义全市共拥有革命遗址遗迹 518 处，其中 158 处分布在习水县，94 处分布在播州区，88 处分布在赤水市，39 处分布在红花岗区，36 处分布在仁怀市，28 处分布在桐梓县，22 处分布在汇川区，11 处分布在湄潭县，11 处分布在正安县，10 处分布在余庆县，9 处分布在凤冈县，6 处分布在绥阳县，4 处分布在务川县，2 处分布在道真县。包括重要历史事件及人物活动纪念地 250 个，重要历史事件和重要机构旧址 64 个，革命领导人故居 18 个。"至今仍保存较好的 200 多处革命旧址中，有 32 处列为国家级文物或纪念建筑保护单位，包括遵义会议会址、遵义会议期间中华苏维埃银行旧址、遵义会议期间博古住址、遵义会议期间毛泽东，张闻天，王稼祥住址、遵义会议期间红军总政治部旧址、遵义会议期间红军遵义警备司令部旧址、红军娄山关战斗遗址、红军四渡赤水战役旧址——茅台渡口红军四渡赤水纪念塔、红军四渡赤水战役旧址——茅台四渡赤水纪念碑、鲁班红军烈士公墓、红军四渡赤水战役旧址——鲁班场战斗白家坳遗址纪念碑、红军四渡赤水战役旧址——长岗毛泽东住地、红军四渡赤水战役旧址——梅子坳刘伯承拔枪打乌鸦处、红军四渡赤水战役旧址——长岗红军医院遗址、长岗红一军团干部会议旧址、红军四渡赤水战役旧址——梅子坳毛泽东住址、湄潭中国工农红军第九军团司令部旧址、浙江大学西迁历史陈列馆、四渡赤水纪念馆、土城渡口纪念碑、青杠坡战斗遗址、土城毛泽东住地旧址、土城红军总政治部宿营地旧址、土城浑溪口红军渡口旧址、土城狮子沟红三军团司令部旧址、土城大梗中央军委指挥所旧址、土城蔡家沱红军渡口旧址、土城朱德住址旧址、土城周恩来住址旧址、青杠坡红军烈士纪念碑、中国女红军纪念馆、红军四渡赤水战役旧址——赤水市元厚渡口。有 10 处被列入省级文物、纪念建筑保护单位，包括遵义县革命委员会旧址、遵义红军烈士陵园、遵义邓萍墓、遵义红军烈士纪念碑、茶山关红军抢渡乌江遗址、苟坝会议会址、茶山关渡口、桐梓海军学校旧址、中央红军抢渡乌江迴龙场战斗遗址、余庆红军烈士陵园。有 17 处列入市县级文物、纪念建筑保护单位：太极洞中共地下革命活动遗址、小西湖张学良将军被幽禁处旧址、凤冈县烈士陵园、凤冈县石径乡青滩烈士陵园、凤冈县王寨乡烈士陵园、凤冈县天桥乡烈士陵园、凤冈县蜂岩镇烈士陵园、凤冈县琊川镇烈士陵园、凤冈县绥阳镇烈士陵园、凤冈县永安镇烈士陵园，余庆县龙家万丈坑红军烈士遇难处、正安烈士陵园、湄潭县天成红军坟、道真县赵氏垭烈士陵园、绥阳县烈士陵园、鸭溪会议遗址、龙坑红军烈士墓[1]"。

二、遵义红色文化特色鲜明

遵义红色文化具有特色鲜明的特点。首先，遵义会议、四渡赤水战役、娄山关战役等发生在遵义的重要历史事件，影响深远，在中国共产党和中国革命历史上具有深远的意义和影响。无论是中国共产党历史上生死攸关的转折点遵义会议，还是红军长征以来取得的第一次大胜利娄山关战役，以及毛泽东军事指挥艺术的集中展现——四渡赤水战役，在中国革命史上都具有深远的意义。其次，长征时期，毛泽东、周恩来、朱德、邓小平、陈云、张闻天、博古、李德等当时大部分党和红军的重要领导人汇聚遵义，遵义的土地上留下了他们战斗生活的身影。再次，遵义红色文化的主题鲜明，主要包括"长征、红军、转折、毛泽东"这四个方面。所以，遵义红色文化相较其他地方而言，特色更加鲜明。

三、遵义红色文化价值突出

对红色文化的保护利用，必须充分认识和把握红色文化的当代价值，充分发挥红色文化在经济、文化、教育等方面的多重价值。遵义红色文化中，列为国家级文物、纪念建筑保护单位的有32处，还有众多非物质类红色文化，这些红色文化遗产具有突出的社会、经济和文化价值，是现在进行社会主义现代化建设的宝贵财富。

《2004—2010年全国红色旅游发展规划纲要》把以遵义为中

[1] 禹玉环：《遵义市红色文化遗产保护与开发利用问题研究》，成都：西南交通大学出版社，2016年，第76-77页

心的"黔北黔西红色旅游区"列为国家明确培育的 12 个重点红色旅游区之一,《贵州省 2005—2010 年红色旅游发展规划纲要》将遵义会议会址、强渡乌江战斗遗址、娄山关战斗、四渡赤水等作为红色旅游发展重点景区。凭借丰富的红色文化资源,遵义市大力发展红色文化产业,产生了较大的经济价值。同时,遵义红色文化具有重大的教育意义,是进行革命传统教育,加强思想道德教育和党史教育等的重要资源。从文化价值的角度看,遵义红色文化是中国优秀传统文化的重要组成部分,是重要的文化资源,对建设社会主义先进文化,发展红色文化产业具有十分重大的影响。

四、遵义红色文化内涵丰富

遵义红色文化还具有内涵丰富的特征。

长征精神和遵义会议精神是遵义红色文化精神内涵的重要组成部分。其中,因为著名的遵义会议而形成的遵义会议精神是红色革命精神的重要组成部分,也是中国共产党伟大精神的重要组成部分。它体现了实事求是、独立自主、民主团结、坚定信念、务求必胜的精神内涵。可以说,遵义会议在中国共产党历史上和中国革命史上的关键作用,决定了遵义会议精神是遵义红色精神的核心,是遵义红色文化的精髓。

除此之外,红军在遵义时期还遗留下了大量的红色诗词、红色文艺、革命标语等,它们使遵义红色文化的内涵更加丰富,比如《红军威名远震川滇黔》《红军处处受欢迎》《再占遵义歌》等红色歌谣和《红金桔与红心粑》《红军菩萨龙思泉》《红军巧取桐梓城》《胡耀邦改标语》等革命故事以及大量的革命标语。这些红色文化,主要反映了遵义人民支持红军、思念红军或者表现军民鱼水情深等内容,正是这些红色文化资源,使遵义红色文化内涵更加丰富。

第二节　遵义红色文化旅游产品

一、遵义会议会址系列

遵义会议会址是全国重点文物保护单位、全国爱国主义教育示范基地、全国青少年教育基地、全国红色旅游经典景区、AAAA级景区。包括遵义会议会址，遵义会议纪念馆，红军总政治部旧址，遵义会议期间毛泽东、张闻天、王稼祥住处，遵义会议期间秦邦宪住处，中华苏维埃国家银行旧址，遵义红军警备司令部旧址，遵义会议期间邓小平住居等。

遵义会议会址（图片由遵义市文体旅游局提供）

（一）遵义会议会址

位于遵义市红花岗区老城子尹路的遵义会议会址，原来是国民党黔军二十五军第二师师长柏辉章的私人官邸，该建筑修建于20世纪30年代，包括主楼、跨院两个部分。会址主楼为一楼一底曲尺形砖木结构建筑，是中西合璧式建筑，屋顶为歇山式小青瓦。主楼坐北朝南，通高12米，占地面积528平方米。遵义会议会议室在主楼二楼，原为房主的小客厅。会议室呈长方形，一盏荷叶边盖的洋吊灯悬挂在屋子正中央的顶壁上，房间的东面是一只挂钟和两个壁柜，西面是一排敞亮的玻璃窗。屋子中央原样陈列着1935年召开遵义会议时使用的桌椅。整间会议室完全依照当年会议情景原物陈列，接待着成千上万的瞻仰者。

遵义会议会址大门处有毛泽东同志1964年11月为遵义会议会址的题词："遵义会议会址"，这是全国革命旧址中，毛泽东同志唯一的一处题词。经过不断努力，目前遵义会议会址主楼的房间逐步复原了遵义会议的会议室、周恩来同志的办公室兼住室、朱德同志与康克清同志的办公室兼住室，军委总参谋部办公室以及红军总参谋长刘伯承同志的办公室兼住室、军委总部参谋人员和工作人员的住室等。

（二）遵义会议纪念馆

遵义会议纪念馆位于遵义会议会址内。1951年，"遵义会议纪念馆建设筹备委员会"成立并对外挂出"遵义会议纪念堂"的牌子，

遵义会议会址二楼会议室（图片由遵义市文体旅游局提供）

主要负责遵义会议会址的修复工作。经上级有关部门批准，遵义会议会址于 1959 年 10 月正式对外开放。有馆藏文物 2000 余件，历史资料 3978 份和资料图书 1426 册。藏品主要包括遵义会议会议室挂钟、中国工农红军第一军团总指挥部特务连印章、《红军总政治部布告》《中华苏维埃共和国土地法》印件、红军南渡乌江搭浮桥所用门板、苏维埃钱币、红军《实用内科学》（上册）、《红军识字课本》（第一册）、王有发印章及银链、秦邦宪大衣、《红军歌集》、中国工农红军第六军团一十八师五十四团军旗、青花瓷碗等。

　　2004 年 4 月，遵义市政府投入大量资金，正式启动了遵义会议陈列馆基建工程。为了全面、真实地展示 20 世纪中国革命伟大转折的史迹和内涵，整个陈列馆布展面积达 2600 平方米，展线长 6500 米，以红军长征为主线，以遵义会议和四渡赤水为重点。展馆布置采用了雕塑、绘画、景观、模拟、多媒体等现代技术手段，包括战略转移、遵义会议、四渡赤水、胜利会师、永放光芒五个部分，并精心展陈了相关文献、图片、实物及场景，充分展示了长征这段波澜壮阔的历史，让参观者能够更加深刻直观地了解这一段历史。

（三）遵义红军总政治部旧址

　　位于遵义老城杨柳街 28 号的遵义红军总政治部旧址是遵义会

遵义会议会址正门（图片由遵义市文体旅游局提供）

议会址的重要组成部分，原来是天主教堂。"1935 年 1 月红军进驻遵义后，将红军总政治部所辖的组织、宣传、破坏、青年、政务等部和秘书处机关等设在这里。1982 年 2 月，红军总政治部旧址被贵州省人民政府列为省级重点文物保护单位，由遵义会议纪念馆管理。1983 年国家文物局批准把红军总政治部旧址列入遵义会议会址的组成部分，同属全国重点文物保护单位。[①]"

（四）遵义红军烈士陵园

① 中共遵义市委党史研究室：《遵义市革命遗址 1928—2010》，北京：中共党史出版社，2011 年，第 48 页

遵义红军烈士陵园位于遵义市红花岗区凤凰山南面的小龙山上，是全国重点烈士纪念建筑物保护单位，遵义人民习惯将其称为"红军山"。整座陵园占地面积 103 亩，前临湘江，背靠凤凰山，坐北朝南。红军烈士陵园内有 1985 年 1 月 15 日建成的遵义红军烈士纪念碑。碑正面是"红军烈士永垂不朽" 8 个金色大字，是邓小平同志的题词。碑体下部宽 6 米，顶部宽 2 米，通高 30 米，碑顶部是镰刀铁锤图案，高 5 米。纪念碑外围是一个大圆环，直径 20 米、周长 68 米，高 2.7 米，28 颗星镶嵌在大圆环外壁，大圆环内壁上镶嵌着四组汉白玉浮雕，内容分别为红军强渡乌江、遵义人民欢迎红军、娄山关大捷、四渡赤水。大圆环由红军指挥员、战斗员、女战士、赤卫队员 4 个 5 米高的红军头像托着，四个头像栩栩如生，目光炯炯有神。

"红军烈士纪念碑"的附近，有一座被遵义老百姓称为"红军坟""红军菩萨"的雕塑。"红军菩萨"的故事在遵义家喻户晓。1935 年，自红军进入遵义之后，驻扎在桑木垭的连队里一位年轻的卫生员龙思泉热心地帮助老百姓诊病与送药。但连队突然要在拂晓前出发，卫生员追赶不及，最后被敌人杀害。由于卫生员是为了老百姓而牺牲的，当地居民感念卫生员的牺牲并为之安葬。遵义老百姓不仅深切缅怀红军卫生员，甚至相信死去的红军"神医"能为人们消灾除病，能保佑人们平安。因此，"红菩萨"救穷人、"红菩萨"显圣等传说在遵义不胫而走。许多遵义老百姓到红军坟凭吊红军，祈求平安。故事流传得越来越广，越来越神奇。

渐渐地，这位红军卫生员被传成了温柔和善的红军女医生，变成了"红军菩萨"和当地老百姓心目中的神灵。

每年清明节或者其他重要节日、纪念日，来自全国各地的游客在遵义红军烈士陵园以各种不同的形式，缅怀先烈、寄托哀思，接受革命传统教育和爱国主义教育。

（五）毛主席旧居

中央红军长征经过遵义时，在遵义会议召开期间，毛泽东、张闻天、王稼祥居住在今遵义市中华南路幸福巷东侧，遵义人民习惯将其称为"毛主席旧居"。位于遵义市中华南路幸福巷东侧，修建于 1933 年，原为川南边防军第二旅旅长易怀芝私宅。1935 年 1 月中旬，红军驻遵义期间，毛泽东住二楼左前室，张闻天住一楼右前室，王稼祥住二楼右前室。1964 年毛泽东住室经过复原对外开放，1979 年张闻天、王稼祥住室经过复原对外开放。国家文物局于 1983 年 12 月批准将遵义会议期间毛泽东等同志的住处列为全国重点文物保护单位。

（六）遵义会议期间博古、李德住址

位于老城杨柳街遵义会议会址后门处的博古、李德住址，是全国爱国主义教育基地。这里原来是国民党第二十五军周西城部副师长侯之圭的私人住宅，是一座修建于 20 世纪 20 年代末期的木结构建筑，分为上下两层，包括前后两进，总面积 541 平方米。遵义市政府 1999 年拨专款修复陈列了

遵义红军烈士纪念碑
（图片由遵义市文体旅游局提供）

红军菩萨雕塑
（图片由遵义市文体旅游局提供）

秦邦宪、李德的住室以及翻译伍修权、王智涛、警卫员黄英夫等人的住室。

（七）中华苏维埃国家银行旧址

中华苏维埃国家银行旧址位于红花岗区老城杨柳街街口，建于 20 世纪 20 年代末，是典型的黔北民居建筑，建筑面积 1166 平方米。这里原来是国民党黔军第二十五军副军长犹国才的私宅。遵义市政府 1999 年专款修复了中华苏维埃国家银行和中央没收征发委员会旧址，并按原样在楼下陈列了林伯渠、毛泽民、钱之光、李井泉等同志的住室，同时还复原陈列了银行管理科、发行科、出纳科、会计科和没收征发委员会办公室。

二、娄山关大捷系列

（一）娄山关战斗遗址

娄山关位于遵义县县城北 70 公里处，海拔 1440 米，属于大娄山山脉中段，关口位于两峰相夹的山坳中，这里地势奇险，是历代兵家必争之地。娄山关大捷是红军长征取得的第一次大胜利，为遵义战役揭开了序幕。贵州省人民政府在 1982 年 2 月将娄山关战斗遗址列为贵州省重点文物保护单位，2005 年 5 月娄山关战斗遗址被列为全国重点文物保护单位。1985 年 1 月 7 日建成娄山关战斗纪念碑。

娄山关战斗遗址（韩宇 摄）

娄山关战斗纪念碑（郑美娟　摄）

毛泽东诗词碑（张容　摄）

（二）毛泽东诗词碑

娄山关毛泽东诗词碑，建成于1974年，碑宽25.00米，高15.66米，碑面由396块云南大理石镶嵌而成，镌刻毛泽东《忆秦娥·娄山关》手迹全文："西风烈，长空雁叫霜晨月。霜晨月，马蹄声碎，喇叭声咽。雄关漫道真如铁，而今迈步从头越。从头越，苍山如海，残阳如血。"

娄山关红军战斗遗址陈列馆（图片由遵义市文体旅游局提供）

（三）娄山关红军战斗纪念馆

娄山关红军战斗纪念馆为红柱、白墙、青瓦式建筑，具有黔北民居结构的典型特点，分为上下两层，造型精巧奇妙，大门正中高悬"娄山关红军战斗纪念馆"巨匾。

三、四渡赤水系列

（一）四渡赤水纪念馆

习水县四渡赤水纪念馆位于习水县土城镇长征街，筹建于20世纪80年代，2007年7月建成，是副县级事业单位。该纪念馆建筑风格为典型的黔北民居风格，占地面积有7710平方米，建筑面积3695平方米。馆内采取现代声光电等技术手段，展陈了9个展区，生动形象地展示了红军"四渡赤水，出奇制胜"的战争史实。除此之外，还实物景观展示了红军干部会议会址、红军总司令部旧址、红军一渡赤水河渡口遗址、青杠坡战斗遗址。纪念馆共有馆藏文物300余件以及若干文字、照片、音像，是"全国青少年教育基地""全国爱国主义教育示范基地。"

（二）中国女红军纪念馆

女红军是长征中一个特殊的群体，在长征中，女红军们以自

四渡赤水纪念馆（图片由习水土城红色文化旅游创新区提供）

已坚强的理想信念，完成了常人不可能完成的奇迹，展示了不可战胜的力量。为了纪念红军长征时期这些女红军的丰功伟绩，遵义市修建了中国女红军纪念馆。该馆建成于 2009 年 9 月 26 日，荣获 2009 年"中国十大红色旅游景区"荣誉称号。女红军纪念馆位于土城古镇红三军团司令部旧址，展馆分两部分展出红一方面军、红二方面军（红二、红六军团）、红四方面军和红二十五军无数女红军中最具有代表性的 45 位女红军的事迹。其中红一方面军 30 位，她们是：蔡畅、邓颖超、贺子珍、康克清、李坚真、刘英、李伯钊、刘群先、邓六金、危秀英、谢飞、杨厚珍、吴富莲、廖似光、吴仲廉、周越华、钟月林、钱希均、金维映、刘彩香、危拱之、甘棠、萧月华、曾玉、李建华、王泉媛、丘一涵、陈慧清、李桂英、谢小梅。红二方面军（红二、红六军团）5 位：李贞、陈琼英、蹇先任、蹇先佛、马忆湘。红四方面军 8 位：张琴秋、汪荣华、林月琴、王定国、陈真仁、张文、何莲芝、贾德福。红二十五军 2 位：周东屏、戴觉敏。

（三）茅台四渡赤水纪念园

茅台四渡赤水纪念园位于仁怀市茅台镇朱沙堡观音寺处，距离仁怀市中枢镇 10 公里。是为了纪念红军四渡赤水，由仁怀县人

中国女红军纪念馆（图片由习水土城红色文化旅游创新区提供）

民政府修建的，包括茅台渡口遗址和红军四渡赤水纪念塔两个部分，四渡赤水纪念塔上有江泽民同志的亲笔题词"红军四渡赤水纪念塔"。贵州省人民政府于1997年10月将该处列为省级爱国主义教育基地，2003年被遵义市人民政府列为市级文物保护单位，现已被列为全国重点文物保护单位。

茅台四渡赤水纪念塔

（图片由习水土城红色文化旅游创新区提供）

（四）青杠坡战斗遗址

青杠坡战斗遗址位于习水县土城镇，距离习水县城29公里。现有青杠坡烈士陵园和青杠坡战斗纪念碑。

1935年1月28日凌晨，青杠坡战斗打响。但因为当时军事情报不准，再加上地形不利，战斗一直打到下午都没有能歼灭敌人。于是在1月29日，红军主动撤出战斗，拉开四渡赤水的序幕，从土城浑溪口和蔡家沱两个渡口西渡赤水河。青杠坡战斗敌我双方均伤亡惨重，1000多红军将士在战斗中牺牲。习水县人民政府2000年7月在原有纪念碑的基础上，重新修缮青杠坡战斗红军烈士纪念碑，并在2005年7月再次进行修缮。该碑高19.35米，寓意青杠坡战斗的时间是1935年，碑体由花岗石砌成宝塔状四棱柱形，包括碑柱、碑磴、碑座三部分：碑柱呈灰色，高1.6米，正面竖嵌"红军烈士纪念碑"7个红色大字，是毛泽东同志手迹。碑磴是黑色，用棱长2.2米的花岗石砌成，呈凹型的正方体形状，正面竖向刻写修碑记，其他三面竖刻青杠坡战斗简况。碑座呈朱红色，是三层的正方梯台形，碑座外有边长约24米正方形基台。青杠坡战斗纪念碑雄伟壮观，纪念碑与山体和谐统一，山为宝塔，碑为塔尖，巍然屹立，是瞻仰革命烈士，进行爱国主义教育的重要场所。

青杠坡红军烈士纪念碑（图片由习水土城红色文化旅游创新区提供）

土城红军医院纪念馆（图片由习水土城红色文化旅游创新区提供）

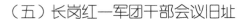
（五）长岗红一军团干部会议旧址

位于长岗镇下场口李子湾的长岗红一军团干部会议旧址，原来是当地财主杨树均的一所规模较大的青瓦木屋四合院。"1935 年 3 月 9 日至 12 日，一军团司令部在这幢房子住了 4 天，正方堂屋中安设电台、电话等设备，聂荣臻、林彪、左权、朱瑞等军团领导住堂屋和两侧的房屋，其他人员住厢房和下厅。3 月 11 日中午，一军团在院坝中召开 100 多人参加的连以上干部会议，由聂荣臻政委传达遵义会议精神。与会干部席地坐在石板上，聂荣臻政委站在中间传达。这次会议把遵义会议的春风吹到了一军团战士的心中，成为红军长征胜利的精神支柱。2006 年 5 月，国务院将红军四渡赤水战役旧址之一的茅台渡口列为全国重点文物保护单位，长岗红一军团干部会议旧址也列入其中，作为全国重点文物保护单位。①"

（六）四渡赤水红军烈士陵园

位于赤水市杉树坝，占地 20 余亩。分为三级阶梯，第一级阶梯以"赤水红军烈士陵园"大门为主题，配以接待室、纪念馆。第二级阶梯为中央纪念塔，塔高 16.5 米，宽 3.0 米，正面镌刻"红军烈士永垂不朽"八个大字，第三级阶梯是红军烈士墓区，墓群前立有大理石碑记，长 7.2 米，高 3 米，墓群后为石砌长城巨幅弧形屏风，上刻毛泽东手书《长征》诗。1998 年 4 月，共青团贵州省委确定陵园为贵州省青少年教育基地，2000 年 5 月，共青团中央确定陵园为全国青少年教育基地，2002 年 9 月，中国人民解放军国防大学确定其为教育教学基地。

四、强渡乌江系列

（一）遵义县茶山关红军强渡乌江遗址

"茶山关渡口位于遵义县尚嵇镇，距离遵义县城 50 公里。1935 年 1 月 3 日，彭德怀、杨尚昆率领的红三军团担负突破乌江孙家渡、茶山关、桃子台等渡口敌军防线的任务。红五师按照军

① 禹玉环：《遵义市红色文化遗产保护与开发利用问题研究》，成都：西南交通大学出版社，2016 年，第 44 页

团长彭德怀的命令，集中十三、十四、十五团侦察排，从岩坑分三个渡河点先行下水，偷渡敌军孙家渡防御阵地，部队迅速占领敌人渡口阵地。敌人左右两侧组织增援，被红十三军团登岸部队击退，敌机炮营营长赵宪群被击毙。只此一役，驻守茶山关、桃子台的敌军奉侯之担之命，迅速龟缩回遵义县城。1935 年 1 月 4 日，中央红军三军团分别从孙家渡、茶山关、桃子台三处渡口横渡乌江。1982 年 2 月，茶山关红军抢渡乌江遗址被贵州省人民政府列入第一批省级重点文物保护单位，同年遵义县人民政府在此立碑纪念。[①]"纪念碑高 12.5 米，碑上刻"红军烈士永垂不朽"。

（二）中央红军强渡余庆大乌江迴龙场战斗遗址

该遗址距离余庆县城 50 公里。"1934 年 12 月 27 日，红一军团攻占余庆。1935 年 1 月 1 日，杨得志指挥红一师一团率先在大乌江迴龙场渡口强渡乌江，突破国民党部队乌江封锁线，打开红军北上遵义的通道。1976 年大乌江迴龙大桥建成通车后，渡口废弃停渡，当年红军强渡乌江的浮桥竹竿等现存中国革命军事博物馆。1982 年 2 月，贵州省人民政府将红军强渡乌江迴龙场渡口遗址列入第一批省级重点文物保护单位，同年余庆县人民政府在此立碑纪念。[②]"

（三）余庆红军烈士陵园

红军烈士陵园建于 1978 年，占地 300 亩，建筑面积 2360 平方米，安葬着 113 名红军烈士遗骸、50 名中国人民解放军遗骸，陵园大门镌刻萧克题写的"红军烈士陵园"园名。1987 年被列为贵州省重点烈士纪念建设保护单位，1999 年批准为遵义市爱国主义教育基地。余庆县红军烈士陵园陈列室位于余庆团结湖水库红军烈士陵园内，于 2011 年 3 月组建，由中共余庆县委党史办公室协助余庆县民政局进行布展。陈列由前言、余庆县革命遗址简介、红军长征在余庆、余庆解放、余庆革命烈士简介、余庆革命烈士名录、余庆革命纪念建筑物、革命烈士遗物、中央红军强渡乌江迴龙场渡口遗址分布图、红军三过余庆线路图等组成。该陈列室于 2011 年 4 月对外开放。

① 中共遵义市委党史研究室：《遵义市革命遗址 1928—2010》，北京：中共党史出版社，2011 年，第 54 页

② 中共遵义市委党史研究室：《遵义市革命遗址 1928—2010》，北京：中共党史出版社，2011 年，第 53—54 页

余庆红军烈士陵园（图片由余庆县文体旅游局提供）

（四）余庆大乌江红军长征纪念园

余庆大乌江红军长征纪念园位于余庆县大乌江北岸，距离大乌江镇政府约2公里。1935年1月1日，中央红军一、九军团在余庆大乌江迴龙场渡口首次突破敌人的乌江防线，打通了北上遵义的通道。1980年贵州省人民政府将大乌江迴龙场战斗遗址列为第一批文物保护单位，1985年5月，余庆县人民政府在迴龙场渡口竖碑纪念。2002年4月，余庆县人民政府修建红军纪念园，以纪念中央红军长征强渡乌江、开创黔北根据地的壮举。纪念园占地6000余平方米，于2003年竣工。有乌江观景台、长征文化长廊、纪念雕塑等景点。园内长征文化分为三个部分：一是《长征》诗刻和红军突破乌江的大型浮雕；二是青铜所铸"民族魂"雕塑；三是图文并茂展示红军长征历史的陈列曲廊。

五、遵义其他红色文化旅游产品

（一）苟坝会议会址

苟坝会议会址位于遵义县枫香镇苟坝村四合组，是一座木质结构的大瓦房四合院。该四合院正房坐北朝南，左右配有厢房，中间有堂屋，前有朝门，是一个天井四合院。

苟坝会议会址（图片由遵义苟坝红色文化旅游景区提供）

　　1935 年 3 月 10 日党中央在遵义县枫香镇苟坝村新房子就是否攻打打鼓新场问题召开了一次专题讨论会，参加会议的人员有中央政治局委员、候补委员、中央革命军事委员会委员和部分中革军委局以上首长，这就是著名的苟坝会议。

　　苟坝会议会址景区主要分为红军村、苟坝会议陈列馆等片区。红军村是原红军驻地，它以苟坝会议会址为中心，包括苟坝会议旧址、苏维埃银行旧址、中国工农红军总政治部旧址、国家政治保卫局旧址、《红星报》编辑部旧址，毛泽东、陈云等人旧居和毛泽东小道等景点。

苟坝会议会址陈列馆（图片由遵义苟坝红色文化旅游景区提供）

红军村保留了原汁原味的古村落外观,它展示了红军长征途中所吃的食物、穿的衣服、使用的器皿和抗日标语等文物,还原了红军在长征途中的真实生活场景,带给游客身临其境的感觉。建成于 2014 年 10 月的苟坝会议陈列馆占地 2143 平方米,建筑面积 3343 平方米,分为上下两层。苟坝会议陈列馆内展陈了大量红军长征时期的历史文物、文献以及图片资料,通过雕塑、绘画、场景以及声光影像多媒体等现代技术手段再现了红军在遵义苟坝的活动情况。苟坝是毛泽东同志用马灯点亮中国的地方,因此陈列馆外观如同一盏抽象的马灯,它不但象征着当年毛泽东同志深夜提着马灯去找周恩来同志的情景,而且代表着毛泽东同志勇于坚持真理的勇气和决心。

（二）浙江大学迁遵遗址

位于湄潭县城浙大北路皂角南巷的湄潭浙江大学西迁历史陈列馆,原为始建于明万历四十八年（1620 年）的湄潭文庙。整座建筑平面呈竖长形,坐东向西,顺后城坡山势,沿一条中轴线将大成门、南北庑、大成殿、崇圣祠分别建于五级平台上。文庙占地面积达 2600 平方米,1940 年 2 月至 1946 年 9 月,浙江大学向西迁至湄潭、永兴办学,这个地方便成了分部办公室、图书馆、公共课教室、医务室及竺可桢居室和印度留学生宿舍。

苟坝会议会址马灯馆（图片由遵义苟坝红色文化旅游景区提供）

湄潭文庙浙江大学西迁历史陈列馆（图片由遵义文体旅游局提供）

　　浙江大学西迁陈列馆建成于 1990 年 7 月，是湄潭县人民政府与浙江大学合作修建的。陈列馆分布在东西庑和钟鼓楼中，展览分为"漫漫西迁路""遵湄办学史""竺公风德颂""求是群芳谱""今日求是园""湄杭情谊深"六大部分。整个展馆展出 500 多张照片和数百件珍贵文物，全面、生动地展示了浙大西迁办学史。

（三）湄潭县中国工农红军第九军团司令部旧址

　　1935 年 1 月上中旬，红九军团在团长罗炳辉、政委蔡树藩、政治部主任黄火青的带领下驻扎在湄潭、永兴一线，保卫遵义会议召开。湄潭县中国工农红军第九军团司令部旧址位于湄潭县湄江镇茶城社区浙大南路文昌巷内，旧址仍然保存完好，室内保存着"农民起来实行土地革命！""只有苏维埃才能救中国！""打倒屠杀民众的王家烈！""农民起来夺取地主武装！"等 22 条标语，是全国红军标语现存数量最多、最集中的地区。1988 年 3 月，该旧址被列为全国重点文物保护单位。2005 年 2 月，中共中央原总书记、国家主席、中央军委主席江泽民同志为司令部旧址题写匾文，现在该旧址已经成为省级爱国主义教育基地。

参考文献：

1. 王爱华，幸克坚：《转折——从这里走向辉煌》，北京：中央文献出版社，2013 年。

2. 王爱华、罗中昌：《红色文化资源与地方经济开发》，成都：西南交通大学出版社，2012 年。

3. 中共遵义市委党史研究室：《遵义市革命遗址（1928—2010）》，北京：中共党史出版社，2011 年。

4. 王爱华：《多维视野下的红色文化》，成都：西南交通大学出版社，2011 年。

5. 刘作会：《遵义文化纵览》，北京：中国文化出版社，2010 年。

6. 遵义市中共党史学会、四渡赤水研究中心：《遵义红军标语》，北京：中共文史出版社，2010 年。

7. 吴德坤：《遵义会议资料汇编》，北京：中央文献出版社，2009 年。

8. 曾祥铣：《人文遵义》，成都：四川大学出版社，2009 年。

9. 朱存福：《从转折走向辉煌——苟坝会议研究文集》，北京：中共中央党校出版社，2007 年。

10. 祝彦：《长征故事——红一方面军》，北京：中共党史出版社，2006 年。

11. 遵义市历史文化研究会：《抗战的遵义》，北京：中国文联出版社，2005 年。

12. 朱存福：《中央红军在遵义》，贵阳：贵州民族出版社，1992 年。

13. 遵义会议纪念馆：《红军长征在贵州》，贵阳：贵州人民出版社，1960 年。

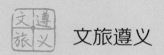文旅遵义

第 三 章
名城双璧：世界遗产旅游

第一节 世界遗产概况

一、世界遗产概述

1972 年 11 月，在法国巴黎召开的第 17 届联合国教科文组织大会上，通过了《保护世界文化和自然遗产公约》（以下简称《世界遗产公约》）。1976 年 11 月世界遗产委员会 (World Heritage Committee) 和世界遗产基金 (World Heritage Fund) 成立。世界遗产公约组织是一个加强文化遗产和自然遗产保护的专门性组织。目前，全球共有 193 个国家和地区加入世界遗产公约，成为缔约国。截至 2018 年 7 月，全球列入《世界遗产名录》的世界遗产达 1092 处，分布在 167 个国家，其中包括 845 处文化遗产，209 处自然遗产，38 处文化与自然混合遗产。意大利以 54 项世界遗产暂居世界第一，中国以 53 项居第二。

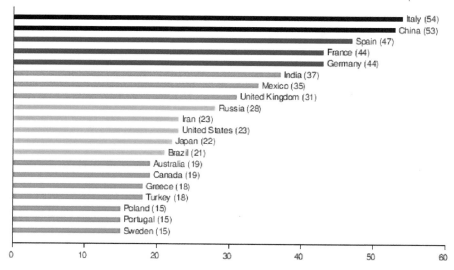

图 1 拥有世界遗产项目数量排名前 20 位的国家（图片来源于 wikipedia.org）

世界遗产是指被联合国教科文组织和世界遗产委员会确认的人类罕见的、无法替代的财富，是全人类公认的具有突出意义和普遍价值的文物古迹及自然景观。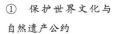包括世界文化遗产、世界自然遗产、世界文化与自然混合遗产三个基本类型。

① 保护世界文化与自然遗产公约

二、中国的世界遗产

1985年12月12日,中国加入《保护世界文化与自然遗产公约》。目前中国拥有世界文化遗产中的文化遗产、文化景观遗产、线性文化遗产等世界遗产的全部类型，是世界上拥有世界遗产类别最齐全的国家之一。世界自然遗产数量（13项）和世界文化与自然混合遗产数量（4项，与澳大利亚并列第一）均居世界第一。中国首都北京市以拥有7项世界遗产成为世界上拥有遗产项目数最多的城市，江苏省苏州市2004年承办第28届世界遗产委员会会议，是我国至今唯一承办过该类会议的城市。在2018年11月14日巴黎举行的《保护世界文化和自然遗产公约》缔约国大会第21次会议上，中国当选世界遗产委员会委员。截至2018年7月，中国有53项遗产列入《世界遗产名录》，包括36项世界文化遗产，13项世界自然遗产和4项世界文化与自然混合遗产。

三、遵义的世界遗产

2010年，赤水丹霞与湖南崀山、广东丹霞山、福建泰宁、江西龙虎山、浙江江郎山组合成的"中国丹霞"在第34届世界遗产大会上成功列入《世界遗产名录》，成为中国第8项世界自然遗产，贵州省第二项世界遗产。2015年6月28日至7月8日，世界遗产委员会第39届会议在德国波恩召开，贵州省播州海龙屯土司遗址、湖南省永顺老司城遗址和湖北省唐崖土司城遗址联合组成的"中国土司遗址"被列入《世界遗产名录》。至此，贵州省拥有了第一项世界文化遗产。

遵义市拥有赤水丹霞世界自然遗产和海龙屯土司世界文化遗

产两项世界遗产。成为我国极少数同时拥有世界自然遗产和世界文化遗产的城市。近些年，随着越来越多的遗产被列入世界遗产名录，中国同时拥有两项或以上世界遗产的城市数量在不断增多。但是同时拥有不同基本类型（同时拥有世界自然遗产和世界文化遗产或同时拥有世界自然遗产和双重遗产或同时拥有世界文化遗产和双重遗产）的城市仅有贵州遵义市（赤水丹霞、海龙屯土司）、四川成都市（青城山－都江堰、四川大熊猫栖息地）、重庆市（大足石刻、武隆）和安徽黄山市（黄山、西递、宏村）。彰显了遵义市在中国世界遗产名录中的地位和重要性。遵义市的赤水丹霞和海龙屯两项世界遗产、茅台国酒文化、长征文化（遵义会议会址、四渡赤水遗址、苟坝会议会址）、以仡佬族为代表的少数民族文化及大娄山、赤水河、乌江等自然景观完美组合成了一幅幅绝妙的画面。

第二节　碧水丹青——赤水丹霞

这里被誉为"中国丹霞之冠"
这里是桫椤的王国

一、赤水丹霞概述

（一）地理区位

　　赤水市地处东经 105° 36′ —106° 14′，北纬 28° 15′ —28° 45′，位于贵州省西北部，赤水河中下游，隶属遵义市，距遵义市 225 公里，蓉遵高速穿境而过。东南与贵州省习水县接壤，西北与四川省古蔺县、叙永县、合江县交界。自古是黔北经济文化重镇，贵州通往巴蜀的重要门户。全市人口 31.8 万人，总面积 1852 平方公里。赤水山川秀美，风景怡人，森林覆盖率居贵州省第一位，高达 82.77%。赤水市因神秘娟秀的赤水河贯穿全境而得名。赤水处于云贵高原向四川盆地过渡地带，地形地貌复杂多变，赤水市的丹霞地貌分布广泛，发育最壮观典型，全国面积最大。赤水市全境以高原峡谷型和山原峡谷型地形为主，地势东南高，西北低，东南部以高山峡谷地形为主，西北部河谷纵横、丘陵起伏，最高处海拔 1730 米，最低处海拔 221 米。

（二）历史沿革

赤水行政建置始于北宋大观三年（1109 年），时属滋州仁怀县，县城在现在的赤水市复兴镇。北宋宣和三年（1121 年），撤滋州，降仁怀县为堡，改隶泸州合江县。南宋端平二年（1235 年），仁怀堡改属播州宣慰司管辖。元末，明玉珍在重庆建立"夏朝"，改仁怀、古磁等处为怀阳县。明初，朱元璋灭夏，废怀阳县，其属归还播州宣慰使司管辖。1381 年（明洪武十四年），设仁怀县，隶四川行省之遵义军民府。1728 年（雍正六年），随遵义府改隶贵州。1738 年（乾隆三年），拨仁怀县之仁怀、河西、土城三里归旧城通判管领，亦称遵义分府。1748 年（乾隆十三年），改遵义分府为遵义厅。1776 年（乾隆四十一年），改遵义厅为仁怀直隶厅，归贵州粮储道管辖。1908 年（光绪三十四年），设赤水厅，隶属遵义府管辖。1914 年，撤赤水厅，建赤水县。1990 年 12 月赤水撤县改市。1997 年 6 月，因遵义撤地区设市，赤水市改为省直辖，现由遵义市代管。

二、赤水丹霞世界遗产资源

赤水景观以丹霞地貌、悬崖飞瀑、万亩竹海、高原湖泊、峡谷幽林、桫椤等为主要特色。赤水丹霞包括赤水桫椤国家级自然保护区、赤水燕子岩国家森林公园、赤水竹海国家森林公园和赤水国家级风景名胜区，处于长江上游珍稀特有鱼类国家级自然保护区的核心区。在神奇的赤水丹霞地貌上，森林中遍布亿万年的古老植物桫椤，绿林幽深随处可见"丹霞赤壁"，赤崖绿树相互映衬，悬崖飞瀑，水灵山秀，霞光异彩，处处展示出令人震撼的丹青画卷，有"丹霞之冠""桫椤王国""千瀑之市"等美誉。

（一）赤水丹霞景观的特点

1.景观组合最佳

赤水的丹霞结合了峡谷、飞瀑、碧潭、翠竹、幽林等大自然美景，且大面积古植被和多种珍稀濒危动植物，更成为赤水丹霞最独有的特征，具有极高的旅游观赏价值。赤水丹霞是峡谷、山、水、林景观组合最美的丹霞地貌。代表了世界上最典型、最优美、生态环境和生态资源多样、景观配置最佳的丹霞景观。丹霞地貌与大面积桫椤等古植被、2359 种动植物及珍稀濒危动植物共存。山红、水碧、竹翠、林幽让赤水丹霞独具特色，魅力非凡。形态各异的丹霞景观点缀在幽林、翠竹、桫椤之间，犹如一颗颗璀璨的红宝石镶嵌在绿洲之中，世界罕见。

2.丹霞面积最大

赤水丹霞地貌是我国南方红色岩系经过地壳漫长的上升运动，岩层节理变化而发育的一种特殊地貌，以砂岩型沉积为主，露出侏罗纪—白垩纪以红层为主的地层，是青年早期丹霞地貌的代表，赤水丹霞面积达 1200 多平方公里，是我国面积最大、发育最美丽及壮观的丹霞地貌。"赤水丹霞核心区面积 273.64 平方公里，缓冲区 448.14 平方公里，总面积 721.78 平方公里"[①]，主要为高原峡谷型和山原峡谷型，赤水丹霞地貌主要区分为东西两片。东片（核心区 172.22 平方公里，缓冲区 194.73 平方公里）主要为流水深度侵蚀切割形成的山原峡谷地貌，是赤水丹霞地貌分布面积最大、地貌形态最典型，原始的高原台地彻底解体并缩小为脊状山梁，深切峡谷组成了山原峡谷的壮丽景观。西片（核心区 101.42 平方公里，缓冲区 253.41 平方公里），以高原峡谷为主，主要由起伏和缓的丘原及其深切峡谷构成，高原面积大且有不少平坦的坝子。

① 赤水市人民政府网. http://www.gzchishui. gov.cn.

3.丹霞种类齐全

① 彭华.丹霞地貌分类系统研究 [J].经济地理,2002,22（增刊）:28-35.

根据彭华[①]对丹霞的分类,根据丹霞的形态分类,丹霞景观分为：丹霞单体（包括丹霞方山、丹霞尖峰、丹霞石柱、丹霞低山、丹霞石球、丹霞丘陵、丹霞崖壁、丹霞石墙、崩积堆和崩积巨石、沟谷、顺层凹槽）和丹霞群体（包括高原峡谷型丹霞地貌、山岭型丹霞地貌、孤峰型丹霞地貌、峰林型丹霞地貌、峰丛型丹霞地貌 、丘陵型丹霞地貌）。赤水丹霞几乎包含了以上所有类型,丹霞种类齐全,丹霞景观类型丰富,景观组合完美,观赏价值极高。

（二）赤水主要丹霞景区

1.四洞沟景区

四洞沟原名闽溪,位于赤水市大同古镇,距离赤水市区17公里。四洞沟景区内4公里的闽溪河道上,自上而下分布着4个神形各异的瀑布,因溪中四级瀑布而被称为四洞沟。"洞"在赤水方言中就是指瀑布,四洞也就是四瀑布。四洞沟风景区有四洞沟瀑布群及天生桥、渡仙桥、清代节孝石坊、两岔河秀色、华平瀑布、大水沟瀑布、石鼎山奇石、方碑云海、大同竹溪、大同古镇等景观。四洞沟景区的山上以竹子为主,在山水间郁郁葱葱,被誉为"万竹之园"。4公里的溪流上,大约每隔1公里就有一个瀑布,自上而下分别为白龙潭、飞蛙崖、月亮潭、水帘洞,或妩媚、或娟秀、或奇特、或壮观,形态各异,呈阶梯状自上而下分布,似幽帘似玉带。四洞沟犹如"洗肺的天堂",叫人流连忘返,赞叹不已。

白龙潭：白龙潭瀑布位于四洞沟瀑布群的最上一级,也是四洞沟瀑布群中最大的一个瀑布,瀑布高60米、宽23米,瀑声雷动,烟雨

白龙潭（图片由赤水市文体旅游局提供）

弥漫，飞流直下，气势磅礴。瀑下深潭龙翻水沸，珠飞玉溅，银光闪烁，名曰白龙潭。

飞蛙岩瀑布。沿白龙潭溯溪而下，来到飞蛙岩瀑布，瀑高26米、宽43米。瀑上有一巨石形如巨象；瀑下湖水边有一形若游蛇的石滩；"蛇"前则是若蛙大石，远看仿若"蛇"正在追赶吞食"石蛙"，妙趣横生。

月亮潭瀑布。沿飞蛙岩顺流而下不到1公里就来到了月亮潭瀑布。瀑布宽42米，高10米，呈弯月弧形，瀑布下一汪潭水透亮，明月当空的夜晚，月亮倒映潭面，相映生辉，故得名月亮潭。飞瀑、翠竹、幽潭构成了一幅绝美的画面。清末秀才黄之三隐居四洞沟时，曾作诗赞美月亮潭："二洞滩前偃月弯，泉水飞尺注深潭。悠悠滚滚波涛涌，浪沃山花落叶船。"

水帘洞。沿月亮潭瀑布下行大约800米即到水帘洞瀑布，水帘洞瀑布宽37.5米，高31.0米，珠帘壁挂，白绢悬空，水声雷动，气势万钧。瀑布上方有一条石板小径连接两岸，"水帘洞"朱红色大字雕刻崖壁，瀑布更显神奇壮观。顾名思义，瀑布水帘后有洞，贯穿两端，三面为石，一面为水，洞穴中间有巨石

飞蛙岩（图片由赤水市文体旅游局提供）

月亮潭（图片由赤水市文体旅游局提供）

水帘洞（图片由赤水市文体旅游局提供）

高悬，名曰"太皇石"，游人须低头弯腰方可通过。瀑布下方水潭碧波荡漾，得名碧波潭，潭中有竹筏供人游玩赏瀑。

2.佛光岩景区

佛光岩景区位于红军四渡赤水一渡渡口所在的元厚镇，距赤水市区44公里。被誉为"世界丹霞之冠"，包括"丹霞绝壁、天下奇观"的佛光岩，"天造地设、鬼斧神工"的五柱峰、小金驿沟、世外桃源、太阳谷、犁辕沟、豹子沟等，面积约20平方公里。佛光岩景区集新、奇、险、秀、幽、野六大特色于一体，丹霞绝壁、高原飞瀑、绿林踪野、景色绝美。景区内海拔从300多米至1300米，沟谷纵横、丹霞挂带、瀑布壮观、山深林密、峰峦叠嶂、奇峰异石、赤壁岩穴、蔚为壮观。

佛光岩是巨型丹霞崖壁的典型代表，为弧形丹霞石壁，就像一幅巨大的在半天云海中呈现的丹青山水画卷。佛光岩丹霞赤壁相对海拔高度近385米，弧长1117米。崖壁中央悬挂一白绫状瀑布，高260余米，宽42米，形似"佛"字，雨过天晴，在阳光的照耀下，佛光乍现，故得名"佛光岩"。倾流而下的瀑布水声雷动，彩虹四射，蔚为壮观，犹如赤云中飞身而下的小白龙，飘逸俊洒。丹霞赤壁在阳光照射下红光四射，犹如一幅精美绝伦的山水丹青，堪称中华丹霞一绝，极具震撼力。

五柱峰由五根高大丹霞石柱并排组成，石柱高度数十米，远望宛如张开巨掌的五指，惟妙惟肖。五柱峰的形成是岩石沿节理在自然外力作用下强烈崩塌的结果。五柱峰位于深切沟谷的一侧，在河流的强烈切割和重力作用下，沟谷两侧的岩石因压力释放而大量崩塌形成初步发育的丹霞石峰。五柱峰是大自然鬼斧神工

佛光岩（图片由赤水市文体旅游局提供）

的杰作，丹霞峰柱上生长着无数草蕨和青藤，红绿相映成趣，美不胜收。形态各异的岩石、岩壁、石峰、石柱、沟谷、凹槽、穿洞等丹霞个体犹如红宝石点缀在原始森林、竹海、桫椤之间。

紫霞宫。紫霞宫是一处天然丹霞洞穴，是一种在丹霞地貌区非常普遍的地质景观，是丹霞地貌在水流侵蚀、风化、崩塌等多种因素的共同作用下而形成的天然洞穴。丹霞洞穴形成了多样的组合和奇特的造型。此处紫霞宫主要是由于岩石沿着节理崩塌而形成，在阳光的照射下灿若明霞，犹如一座紫红色的宫殿。

五柱峰（图片由赤水市文体旅游局提供）

3. 赤水燕子岩景区

燕子岩景区位于风溪河西岸，距离赤水市城区 25 公里。景区分别由燕子岩、皇水沟、石闪坪、恒山林海四大景点构成。景区内以热带绿阔叶原始森林为主，森林覆盖率

紫霞宫（图片由赤水市文体旅游局提供）

达 100%。景区内溪流纵横，流水潺潺，飞瀑披霞，是各种鸟类绝佳栖息地，也是野生动植物的乐园。在这里，野性十足的猕猴群时常出没，犀牛戏水潭、孪生姐妹、燕子岩、莲台等瀑布群呈梯级分布，描绘出一幅幅惊艳绝伦的丹青山水画卷。"生命之源"丹霞地貌景观形神俱备，妙趣横生。这些交织成了热闹繁华的立体生态系统和妙不可言的原始森林风光。

生命之源由一块数十米高的丹霞巨石中间因大自然的鬼斧神

生命之源

燕子岩瀑布（图片由赤水市文体旅游局提供）

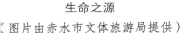

（图片由赤水市文体旅游局提供）

工而生成如圣女灵物的形状。其边缘常年满布苔藓植物，缝中晶莹剔透的涓涓水流四季滴淌不停，如生命生生不息。这是大自然神奇的杰作，似生命繁衍不息。被很多人赞为"生命之源""神州绝景"。

燕子岩瀑布。水流如玉带从燕子岩悬崖顶端飞流而下，瀑布高87米，宽50米，飞瀑分成一大一小的燕尾形，有如飞燕般直冲崖底，体态轻盈，形态优雅而被赞誉为赤水千瀑之中的"瀑布王子"。

燕子岩穴。这是一处天然形成的半圆弧形巨大丹霞岩穴，岩穴高42米，宽80米，岩穴绝壁上常年栖息着数千只灰色岩燕，"燕子岩"因此得名。据考古专家的初步判断，该岩穴很可能是古人类的穴居地。在二十世纪三十年代，曾有一家人依崖搭棚隐居在这里达半个多世纪。

4. 桫椤国家级自然保护区

赤水桫椤国家级自然保护区位于贵州省赤水中部葫市镇金沙沟一带，距赤水城

燕子岩穴（图片由赤水市文体旅游局提供）

广泛分布的桫椤
（图片由赤水市文体旅游局提供）

自然保护区入口
（图片由赤水市文体旅游局提供）

区 40 公里，面积 133 平方公里。这里是地球上典型性十分突出的桫椤天然集中分布区，也是世界上唯一一个以桫椤及其生存环境为保护对象的自然保护区。自然保护区内拥有古老孑遗植物桫椤群落及生境，桫椤生长良好，分布集中，数量多达 4 万余株，是世界上数量最多、面积最大的桫椤生长区，被誉为"桫椤王国"。保护区内分布了大量中亚热带常绿阔叶林及野生动植物，拥有独特的丹霞地质地貌、气候、水体等构成的自然生态系统，是人类十分珍贵的自然遗产。保护区生物资源丰富，有国家重点保护植物 7 种；蕨类植物近 200 种，种子植物 500 余种，是生物多样性十分丰富的"物种基因库"。

5. 赤水大瀑布景区

赤水大瀑布景区位于赤水市南部，风溪河中上游，距赤水市城区 39 公里，被评为国家 AAAA 级景区。主要景点包括十丈洞大瀑布、鸡飞崖瀑布、蟠龙瀑布群、中洞瀑布、香溪湖、两河口瀑布、灵芝石、石笋峰、浪琴湾、飞虹桥、疑无路、三圣殿、仙舞台、暗瀑石、桫椤林、百亩茶花林和大片的杜鹃林，景区内道路曲折回环，浓荫蔽日，景观相呼应，景区组合完美。

十丈洞大瀑布是长江流域上最大的瀑布，也是我国最大的丹霞地貌瀑布，瀑高 76 米，宽 80 米。瀑水从悬崖绝壁上倾泻而下直冲潭底，气势磅礴，如万马奔腾，几里之外闻之声如雷鸣，瀑

十丈洞大瀑布（图片由赤水市文体旅游局提供）

布前数百米内水雾弥漫，在阳光照射之下，呈现出多个五彩缤纷的彩虹，有缘人还能目睹偶现的奇妙"佛光环"，光环随行人移动，有如佛光加身，美不胜收。瀑布周围树木繁茂，四季葱茏。画坛泰斗刘海粟老先生题誉之为"空谷佳人"。

三、赤水丹霞世界遗产管理现状

赤水丹霞申报世界遗产成功后，赤水市以此为契机，大力发展旅游业，将旅游业定位为国民经济支柱性产业。2017 年以来，赤水市紧紧围绕全域旅游示范区创建工作，以旅游规划为先导，紧扣遗产保护与利用相结合，大力推动旅游开发与旅游扶贫。先后成功创建了国家 4A 级旅游景区 5 个，并以创建 5A 级景区为目标，以打造"现代生态宜居城市"和"国际康养旅游目的地"为主题，坚守生态和发展红线，实现了全域旅游跨越式发展。2018 年，赤水接待游客 1745.35 万人次，实现旅游综合收入 188.36 亿元。获评国家"绿水青山就是金山银山"创新实践基地，被陈敏尔同志誉为"贵州山地旅游的一面旗帜"。实现了丹霞世界遗产保护与利用和谐统一。

1. 加快完善旅游公共服务

赤水市构建了"快进慢游"的立体化旅游交通体系。依托G4215蓉遵高速实现茅台、重庆机场两小时内通达。已建成连接主要景区的旅游干线公路157公里，乡村旅游公路3354公里。打造了集旅游、文化、餐饮等功能于一体的高速公路服务区，旅游公路沿线自行车租赁、旅游巴士、观光游船和新能源充电桩等设施完备。建成游客集散中心，完善全域导览系统，景区游客中心和旅游接待咨询服务点相结合，构建起三级旅游集散和咨询服务体系。初步建成赤水市"智慧旅游"信息管理平台，不断推进智能导游、电子讲解、在线预订、旅游营销、信息推送等智慧化旅游服务体系建设，实现了"游前、游中、游后"的全流程、全域化、主动式管理。

2. 不断丰富旅游供给体系

积极探索"旅游＋城镇化"模式，依托高山生态气候优势打造了天鹅堡、天岛湖两个康养度假小镇。建成了集休闲、运动、健身于一体的三十里河滨路文化休闲景观廊道。大力实施赤水市乡村振兴计划，围绕赤水市地理标志产品，建成15个乡村旅游示范点和12个生态农业观光园，成功打造工业旅游点6个，带动发展相关企业133家。推出《四洞夜游》《赤水印迹》等旅游演艺节目，建成竹编竹雕"非遗"产品展示体验中心。突出围绕赤水河谷、旅游环线和重点景区，布局低空飞行、VR体验中心、水上娱乐等新业态，启动建设恐龙主题文化产业园。全市现已建成高星级酒店7家，商务型酒店628家，形成了石沓沓、茵特拉根等赤水旅游购物和餐饮特色街区，旅游供给体系进一步丰富和完善。

3. 积极探索旅游改革创新

依托赤水市委市政府旅游产业发展领导小组，实行"企业点单、部门答题、会商决策"的工作机制，运用法治思维、经济手段，探索实施了景区三权分立、旅游产业人才引进和投融资经营机制等重大改革，不仅打通了全域旅游发展的瓶颈制约，更为全市农村土地承包经营权和干部人事管理制度等重大改革探出了路子，切实拓宽了经济社会发展空间。全力实施旅游富民脱贫工程，推动赤水在贵州66个贫困县中成为首个脱贫摘帽县（市），带动51个村2万人成功脱贫。通过利益、产业、就业三大联结，探索出赤水特色的"景区带村、能人带户、岗位带人"的旅游扶贫新模式，涌现出全国人大代表杨昌芹、"最美村支部书记"王廷科等一批旅游致富带头人。根据游客和市民需要，提高旅游厕所的规划指标安排，统筹城区、园区、景区厕所建设，采取"征用商铺、旧房置换、盘活存量"方式突破了厕所规划数量不足和用地问题。

四、赤水丹霞世界遗产的保护与利用

（一）加强宣传，进一步增强赤水丹霞的知名度

广泛地宣传世界自然遗产——赤水丹霞地貌景观的意义和价值，使旅游者和旅游经营者、管理者都能清楚地认识到自己所承担的责任和义务，从而更有效地保护和开发旅游资源。提升对景区的宣传报道。利用各种大众传媒和新媒体，多种渠道和方式加大宣传力度。充分利用自制画册、VCD，在成渝、贵遵等各主要高速公路上设立大广告牌进行品牌宣传推广。邀请国内知名文人墨客挖掘丹霞文化和丹霞的美学价值。宣传时可紧扣"丹青赤水"的形象主题特征，融合自然美景，突出赤水丹霞的独特形象，在游客心目中形成一种独特的风景魅力，从而提高赤水丹霞地貌景观的知名度和影响力。同时在主要客源地设立专门的门市部，利于对赤水丹霞景观的宣传，比如重庆、成都、浙江、上海等经济发达地区。同时做好计算机营销网络，充分地运用网络媒体对赤水丹霞地貌景观进行宣传。

（二）倡导文明旅游，加强旅游者保护遗产的参与意识

加强游客文明出游教育和宣传，倡导文明出游新风尚。通

过志愿者服务加大游客的世界遗产保护宣传，通过游客参与的方式，加深游客对世界遗产保护的认识，通过游客对世界遗产的旅游体验，加强其对世界遗产价值的认知。在导游服务过程中把这种观念和意识融入服务和讲解过程中，只有在旅游产品参观游览中渗入对环境保护、生态保护的关注，才能确保丹山常在，碧水长流，才能带来更长久的利益。提高旅游者的素质，为游客宣讲礼仪、审美、保护旅游资源等方面的知识。倡导旅游者在游览过程中自觉爱护环境卫生、遵守旅游法规，坚持文明、生态、健康旅游。再者加强青少年对景区保护性开发的概念认识和可持续发展意识的教育，寓教于游。从而逐步形成文明旅游、科学旅游和健康旅游的社会环境和谐氛围。

（三）加大现代科学技术的应用，提高遗产保护技术

依靠现代科技的发展和进步，提升对赤水丹霞地貌景区的保护性开发与发展的技术支持。切实将"科技兴旅"战略深入景区景点保护性发展的各个方面和层次，加大对旅游科技设备的投入力度和财政投入，完善旅游服务设施设备，提高景区景点生态卫生质量和清洁卫生技术。"科教兴旅"是实现赤水丹霞地貌景观保护性开发又好又快发展的技术支持和保障。实行"科教兴旅"战略，把之中的战略战术深入景区景点保护性开发的每个层次。用科学的方式方法来指导开发与保护，加大对赤水丹霞地貌景观旅游的科技、资金、人力的等方面的投入，逐步完善景区景点的旅游设施设备的更新换代，从而更好地保护赤水丹霞地貌旅游资源的可持续发展。

（四）政府应制定和完善相应法规政策的长效机制

建立高效运作的综合决策和协调管理机制，政府的政策对于旅游景区景点的发展起着很大的推动作用，所以政府加强对赤水丹霞地貌景观的关注，制定和实施有效的对赤水丹霞地貌景观保护性开发与发展的政策，从而形成更长远的经济效应，同时促进

赤水丹霞地貌景观的保护，实现景区保护和经济效应双赢。在经济政策方面，政府应支持那些有利于景观生态多样性发展，在增强开发商对世界遗产——赤水丹霞地貌开发的同时更加注重景区景点的保护的意识观念，可让开发商更加意识到注重对世界遗产丹霞地貌景观进行保护性开发的意义和价值观念；在环境政策方面，加强对赤水丹霞地貌景观旅游产品的环境影响评价，根据有关法规征收一定环境税或政府对开发商进行奖励颁发无污染奖金；在社会政策上，加大宣传教育力度，使世界遗产——赤水丹霞地貌景观的开发走上科学化、可持续发展的道路。

（五）明确旅游资源的产权

首先对于世界遗产赤水丹霞地貌景区的开发，虽所有权属于国家，但是经营权和管理权应划分开，不应同属开发商，虽景区承包给开发商可以减轻政府的财政压力，但是不利于景区的保护与发展。所以赤水政府不应该将景区全权交与开发商，政府应该保留对景区的管理权，这样可以防止景区经营者的短期利益行为，导致世界遗产资源的严重破坏、决策随意化、无规划等诸多现象的发生。其次赤水政府应加强建立全方位、立体监督管理体系，从政府监督、旅游相关部门、公检部门以及群众的广泛监督与管理，政府改革管理体制，分工明确，有利于政府的管理权在丹霞地貌开发时更好地、更明确地监督开发商的开发以及资源的保护。

（六）加强对旅游规划和资源的效益评估

认真地做好对世界自然遗产——赤水丹霞地貌景观的保护性开发的生态旅游规划，注重在保护性开发下对丹霞地貌景观旅游资源效益价值的评估，从而更加科学地制定出对赤水丹霞地貌景观保护性开发的规划和措施。规划时要充分、全面考虑赤水丹霞地貌景观生态旅游资源状况和生物多样性的分布及特性、旅游者类别及消费需求特点、赤水丹霞地貌景观的环境容量、生物多样性保护现状和赤水丹霞地貌景区旅游资源的开发和保护的程度、政府的保护性管理和开发商经营的利益总体兼顾。在有规划、有保护的赤水丹霞地貌景观旅游开发环境下，分析保护性开发重要性和价值，划出功能分区，选择适合对生物多样性的增长以及保护、居民生活居住地和旅游者进行观光、学习的旅游地规划和分区。

世界自然遗产——赤水丹霞地貌景观以其典型的地貌类型与独特的生态系统，具有很高的科学研究价值和美学价值，受到国内外的高度重视和国际普遍认同，丹霞地貌景区众多奔泻而下的河流，孕育出造型独特的丹崖—峡谷形，峡谷间数量众多形象独特的丹崖赤壁和奔泻而下壮观的瀑布群。具有重要的观赏和开发价值，从长远眼光和整体利益出发，对赤水丹霞地貌景观的开发和保护之间不只是存在矛盾，双方实际上存在一致性。在对赤水丹霞地貌景观进行开发的同时应更加注重对景区的保护，才能保障赤水丹霞地貌景观的丹山绿水，同时对旅游者的吸引力更大且更持久，世界自然遗产——赤水丹霞地貌景观才能得以持久发展。

第三节　神秘土司——海龙屯

贵州省第一处世界文化遗产
全球最令人震惊的十大考古发现之一！

一、海龙屯概述

（一）地理区位

在贵州省遵义市老城西北约 28 公里处，有一处神秘地带，这里曾被称为海龙囤、龙岩囤、龙岩屯，这里是一处宋明时期的土司城堡遗址，这就是中国土司遗址之一的海龙屯遗址。海龙屯原属遵义县太平乡，现其行政区划属遵义市汇川区高坪镇海龙屯村双龙组。这里交通便利，高速公路、高速铁路、航空等立体化的交通网络业已建成，与国内外主要客源市场建立了较好的直达交通网络，为海龙屯旅游发展提供了优越的交通条件。

海龙屯地处中亚热带季风气候湿润地区。境内海拔 800—1300米，年均气温 14.7 摄氏度，终年温凉湿润。这里冬无严寒，夏无酷暑，全年日照充足，雨量充足，年均降水量约 1200 毫米，无霜期达 270 天。全年适宜旅游的时间超过 300 天。

（二）历史沿革

遵义古称播州。很久以来，遵义一直有"天神拿着赶山鞭，赶石筑城"的传说，直到 20 世纪 80 年代，海龙屯这座世代流传的"天神筑造之城"才逐渐被世人揭开它神秘的面纱。《明史》有文记载了这座神秘的城堡："飞鸟腾猿，不能逾者"。海龙屯遗址是杨氏土司统治播州这段历史的见证。其蕴含和传承的文化源远流长。

海龙屯的历史最早可追溯到 876 年（唐乾符三年），播州杨氏始祖山西太原人杨端率兵平叛，收复并掌管播州。杨端自此开创了杨氏家族世代统治播州长达 725 年的历史，直到 1600 年（明万历二十八年），平播之役以杨氏末代土司杨应龙的失败宣告结束杨氏土司统治。土司制度是元、明、清王朝在边疆少数民族地区设立的地方政权组织形式和制度。"土司"又称"土官"，是由封建王朝中央任命和分封的边疆少数民族地区地方官，政治统治权世袭是其重要特点。海龙屯是播州杨氏土司在其统治的核心区域设立的山地军事防御城堡。根据有关史料记载，海龙屯最早修建应在 1257 年之前，明两府节使吕文德与杨文提出"置一城以为播州根本"，于是筑"龙岩新城"，即今海龙屯。到了杨应龙时期，土司制度的弊端不断显现。平播之役爆发，经过两个月的大战，明军设计攻破海龙屯，杨应龙放火焚城之后自缢，杨氏对播州的统治也随之灰飞烟灭，这座军事城堡从此被荒废。

二、海龙屯世界遗产资源

（一）海龙屯现存遗产资源

海龙屯遗址山顶最高海拔 1354 米，山底最低海拔 974 米，相对高差 300 多米。海龙屯屯顶地势平坦且宽阔，总面积约 1.59 平方公里。海龙屯军事屯堡由外城、内城构成。屯上前后建有九道关卡，依形就势建于悬崖之巅。屯前有六关，分别是：铜柱关、铁柱关、飞虎关、飞龙关、朝天关、飞凤关；屯后另建有三关，分别为万安关、月城、土城。海龙屯各关之间由城墙相连，依山就势修建，绵延十余里，关外险要，关内易守难攻，坚不可摧。屯顶建有老王宫、新王宫、采石场、校场、绣花楼等建筑，与海龙屯周边的养马城、养鸡城、养鹅城等供给养基地一起共同构成了海龙屯庞大而严密的军事防御体系。

1.关隘遗迹遗址

海龙屯军事城堡可以说将关隘的防御功能发挥到了极致，如此严密的防御体系，也是导致平播之役中明军死伤惨重的主要原因。屯前六道关第一关名为铜柱关。铜柱关位于海龙屯偏东南，又名"水关"，关口大门坐北朝南，始建于南宋，重建于明朝。铜柱关像一个身披青铜铠甲的勇士，严守着南面入侵敌人的入屯通

海龙屯远视图（图片由遵义海龙屯文化遗产管理局提供）

道，与北面的铁柱关形成合围的掎角之势，随时准备剿灭来犯之敌，紧锁着入屯的南北大门。关上建有箭楼，城墙从铜柱关向左延伸到腰带岩悬崖，如铁桶般固守着第一道关口。

铜柱关向右延伸即到铁柱关，连接铜铁两关的城墙高数十米，探身下看，只觉头晕目眩，心惊肉跳，铜墙铁壁，实至名归。铁柱关关隘呈拱券形，高约 5 米，整个关隘全部用巨石砌筑而成，城墙厚实，结构坚固。铜铁两关关名匾额在平播之役时均遭毁坏，两关连接的中间地带是杨氏播军兵营所在地，平播之役

铜柱关正面图（图片由遵义海龙屯文化遗产管理局提供）

铜柱关仰视图（图片由遵义海龙屯文化遗产管理局提供）

时，这里更是播军的前沿军事指挥中心。

三十六步天梯。从铜柱关走过七十二步石梯盘曲而上是一平台，从平台到飞虎关下的吊桥，用三十六步石梯呈四十五度角铺设，每级石梯长约六尺，宽约二尺五，高约两尺，被称为三十六步天梯。两边各有两尺多高的锯形护栏，具有攻防兼备的军事功能。三十六步天梯与飞虎关的吊桥、飞虎关关隘连成一体，大有"一夫当关、万夫莫开"之势。它高架于山梁绝壁，也象征至高无上的杨氏王权。

三十六步天梯仰视图（图片由遵义海龙屯文化遗产管理局提供）

三十六步天梯俯视图（图片由遵义海龙屯文化遗产管理局提供）

飞虎关又名吊桥关。关隘建在悬崖峭壁之上，关前是两丈多深，一丈来宽的壕沟，用吊桥与三十六步天梯连接。此关建在山崖绝壁之上，形成猛虎跃涧之势，故名飞虎关。

进入飞虎关内，是一条用人工在悬崖上开凿出来的登屯通道，叫龙虎大道，此道连接飞龙飞虎两关。道壁开有排水沟。道旁有城墙，全长 292 米，宽 1.5—4 米，沿山开凿而成，是飞龙关和飞虎关之间的连接通道和藏兵之地。龙虎大道外临悬崖，上筑有坚固女墙，沿山崖逶迤而上，下临沟谷，倚崖凿壁而成；内侧凿有排水沟。通道岩壁现仍保存有当年修建通道时留下的钎眼遗迹。

飞虎关正面图（图片由遵义海龙屯文化遗产管理局提供）

龙虎大道一段（图片由遵义海龙屯文化遗产管理局提供）

飞龙关坐西朝东，是海龙屯屯内第四关，也是屯顶第一关，位于飞虎关与朝天关之间。这是入屯通道上最险要的一道关口，也是上山进屯的唯一入口，也是真真正正进入海龙屯的第一个关口。飞龙关关隘高约 10 米，关隘正中城门上雕刻的"飞龙关"三字现今仍完好无缺，每个字有 60 厘米见方，据考证为杨应龙亲笔手书。飞龙关不仅仅是一座关隘或一座城门，更是由一组庞大的石砌建筑构成的军事防御建筑群，各处均有重兵把守。飞龙关由三道大拱券门和两道月亮门组成，前后两道城门构成了严密的双

飞龙关正面图（图片由遵义海龙屯文化遗产管理局提供）

飞龙关关内图（图片由遵义海龙屯文化遗产管理局提供）

重防御，关后城门壁有一雕花石窗，两侧则留有小孔为方便传送通关文书之用。飞龙关右边靠杀人沟的关隘石墙早已坍塌，只能从残垣断壁中见证当年战争的惨烈。

朝天关就建在屯前峡谷上，是海龙屯屯内第五道关口，也是屯前六大关隘中保存较完好的一道关隘，关名、落款均清晰可见。朝天关关隘全部由重达几百甚至数千斤的巨石堆砌而成，巨石之间的黏合物是用山上野生猕猴桃的根茎捣烂后，再加上清水、生石灰、桐油、糯米粉等搅拌而成的混合物。朝天关虽历经战乱和400年来的风雨侵蚀，仍不减当年的雄伟英姿，巍然耸立

飞龙关崖壁下的杀人沟（图片由遵义海龙屯文化遗产管理局提供）

朝天关（图片由遵义海龙屯文化遗产管理局提供）

不倒，足见此黏合物的黏度之高。为整个海龙屯军事屯堡遗址平添了几分安宁。

飞凤关是海龙屯屯内的第六关，它不同于前面的所有关隘。它是一组建筑群，关顶上有箭楼，下设厅堂，单看布局和阵势，石砌两层建筑，有多间房屋，应该是一处城防指挥机构的所在地。站在飞凤关居高临下，不仅可以观察到山下道路的车马和行人，也可巡视勘察到山坡一路关卡的任何动静。飞凤关的两处外门，一处通往朝天关的内门，穿越朝天关，再到飞龙关，一处可直接走向城墙和通向朝天关的箭楼上，最后经朝天关的箭楼通往山上的阁楼。既可以掌控最后这一道关卡，又能通过高高城墙廊道的掩体，随时巡视和观察关下和前方的任何动静和情况。

万安关是屯后防御工事三关的最后一道关，是屯后关防的指挥中枢，建在险陡沟谷边缘上。万安关的城墙高8米、长150米。现关匾额仅存"安关"两字依稀可见。万安关位于屯西面，坐东北向西南，为单通道半圆形拱券顶，石结构城门。此关设有吊桥，为吊桥关。关高5.58米，宽9.65米，进深5.88米。关存墁地砖一方及部分压面石，关前残存石踏步三级，墙体鼓胀变形严重，左侧已大量垮塌。

飞凤关（图片由遵义海龙屯文化遗产管理局提供）

万安关（图片由遵义海龙屯文化遗产管理局提供）

西关（图片由遵义海龙屯文化遗产管理局提供）

后关（图片由遵义海龙屯文化遗产管理局提供）

月城现在被称为西关或叫二道关，是关后第二道关口，是一座典型的瓮城，镇守着屯后的深壑。月城位于后关的东侧，坐东南朝西北耸立，用城墙与后关相连。西关始建于南宋，明代重建加固。月城也是用青石与石灰糯米浆错缝砌筑，关隘城门采用券顶门洞，此关为吊桥关，关口的门道中部两侧各设有一券顶耳室为吊桥值守之用。月城残破城墙高约6米，关口中洞口宽约2.1米，进深8米多。月城的东北面城墙现已部分坍塌，关隘城墙的拱顶有部分已经坍塌形成空洞；木质结构的箭楼早已损毁，现今仅存石柱基础7个。

土城现称后关、头道关。后关位于屯后的西端，坐东北向西南，是海龙屯西路第一道关口。除关口用石砌外，绵延在山脊上的城墙则是用泥土夯筑，用层层套叠的城墙、关隘、瞭望台、火药池等建筑设施构成的后防军事壁垒。始建于南宋，明代重建加固。与其他关隘城墙一样均是用青石与石灰糯米浆错缝砌筑而成，为单通道半圆形拱券顶。现存的关隘口城墙高 4 米，进深 2 米多，城门坍塌严重，岌岌可危已显单薄，两侧城墙仅存部分残垣断壁。关隘城墙顶上应建有木构连廊建筑连接两侧的土质城墙。

2.建筑遗迹遗址

海龙屯屯顶是庞大的建筑遗址群，包括屯中部的"老王宫""新王宫"建筑群遗址、"后宫"建筑群遗址、取水古井，屯中后部的点将台、采石场、校场和兵营等遗址，建筑群规模庞大，功能齐全。

老王宫为宋代衙署建筑群遗址，又称"老王宫"建筑群遗址，由南宋播州第 25 代土司杨文建造。老王宫位于海龙屯顶靠南侧的山梁上，坐南向北，依山而建。约占地 2.5 万平方米，现裸露地面的仅存台基 6 处，柱顶石 2 个，垂带石踏步 2 处，其他遗存大多被淤泥所掩埋。此处陆续出土了陶瓷器、滴水、板瓦、瓦当、龙吻、各类铁器等大量杨氏土司时期的遗物。

新王宫，是典型的中轴式建筑，共有三重踏道，五层平台，总面积达 2 万余平方米。王宫遗址出土了大量的石台、石柱、石梁、石墙等，这些石材块大质地好，且加工精细。海龙屯新王宫的考古发掘，被评为"2012 年全国十大考古新发现"。新王宫建成后成为播州土司在战争时期的政治中心，其格局与同一时期的衙署相似，具有衙署的政治功能，同时兼具休憩、生活等功能。新王宫由殿宇、宫室、厅堂、亭、阁、池、仓库、营房等共同构成较为完整

老王宫遗址
（图片由遵义海龙屯文化遗产管理局提供）

的建筑体系，飞凤关中"严禁碑"上所说的"总管厅"应该就位于此。新王宫建筑群以东面进口多级垂带踏道为中轴线，向南北两翼展开，由下到上，共有五重平台，由天井贯通。现保存的殿宇石基台最大的面宽达 50 米，石柱基础直径达 0.5 米，主要建筑室内地面均平铺 40 厘米见方素面青砖，天井也以石板铺砌，做工整洁精美。

新王宫遗址鸟瞰图（图片由遵义海龙屯文化遗产管理局提供）

新王宫衙署遗址（图片由遵义海龙屯文化遗产管理局提供）

绣花楼遗址，位于屯南城墙外山口下方，是一处独立、秀丽的小山，只有一条小道与海龙屯的城防紧密相通。当地人传说为杨应龙最宠爱的杨二小姐的阁楼。绣花楼山顶为平地，占地约40平方米，下临百丈悬崖，悬崖上，杜鹃郁郁葱葱，春时繁花似锦，古树遮阴，下临深谷，风景优美。

绣花楼遗址（图片由遵义海龙屯文化遗产管理局提供）

3. 碑刻

海龙屯土司遗址出土了大量的碑刻，其中保存较完好的有飞龙关、飞虎关、朝天关等关隘匾额，骠骑将军示谕龙岩囤严禁碑，平播记功碑，《题王羽卿诗后》碑等。从这些匾额和碑文里，不难看出，海龙屯记载和储存着大量的历史，是研究杨氏土司统计播州期间重要的物证，蕴含了丰富的历史和文化价值及内涵。

飞虎关石刻。飞虎关为海龙屯屯前第三关，这里是海龙屯最险要的关隘。关门由半崖上的天然石壕凿成，城门后面有开凿于岩壁上的秘密军事通道，可以直达飞龙关。关门上仅阴刻有"飞虎关"三字，没有上下款，字体为颜体楷书。从书法风格来看乃出自杨应龙之手，时间在明万历年间。

飞虎关匾额（图片由遵义海龙屯文化遗产管理局提供）

飞龙关石刻。飞龙关为屯前第四关，也是屯顶第一关。飞龙关的正门门额上阴刻着"飞龙关"三个颜体楷书大字，落款部分字迹已难以辨识，借助相关资料识读上款题"唐太师守播州三十代孙 / 钦赐飞鱼品服 / 敕封骠骑将军杨应龙书"，下款为"皇明万历丙申岁（1596）夹钟月未日吉旦重建"。此题刻较朝天关题刻晚一年，书法风格基本相同，系杨应龙的手笔。

飞龙关匾额（图片由遵义海龙屯文化遗产管理局提供）

朝天关石刻。朝天关是海龙屯屯前第五关，位于飞龙关与飞凤关之间。关顶镶一石匾额，边有饰纹，中阴刻"朝天关"三个大字，字高约50厘米。上款题"唐太师守播三十代孙/钦赐飞鱼品服/敕封骠骑将军杨应龙书立"，下款为"皇明万历乙未岁（万历二十三年，即1595年）中吕月/乙/卯日吉旦重建"。大字为行楷，落款为楷书，书体均为颜体风格。"朝天关"三字，浑厚稳健。从落款可知，书写者为杨应龙。

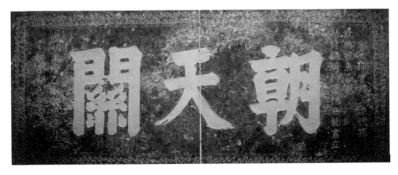

朝天关匾额（图片由遵义海龙屯文化遗产管理局提供）

骠骑将军示谕龙岩囤严禁碑。该碑原位于飞凤关内，现已被移至"新王宫"遗址内的棚廊下保存。为杨应龙亲自撰拟和亲笔书写的严禁碑，全碑共387字，颜体楷书书写。飞凤关是进入城内的最后一道关隘，也是海龙屯稽查防奸的最后一道屏障。严禁碑碑文刻录了修屯缘由、屯管理机构及人员、进出关手续等。

龙岩囤严禁碑（图片由遵义海龙屯文化遗产管理局提供）

　　《平播记功碑》现置于飞凤关后门外的空地上。碑体已裂开为数块，但是碑身的文字依然清晰可辨。该碑记录了平播之役的主要功绩，是平播之役的重要历史见证，对于研究平播之役的历史具有极高的价值。

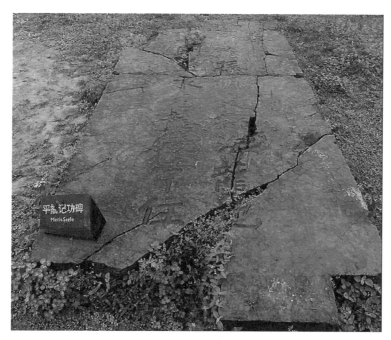

平播记功碑（图片由遵义海龙屯文化遗产管理局提供）

《题王羽卿诗后》碑位于飞凤关内。该碑为平播四年之后出仕播中的林桐凭吊海龙屯时，见其友人王鸣鹤（字羽卿）攻屯时率先登顶后题的诗碑。在碑的背面是南明弘光元年（1645）七月重修海潮寺的碑文。

《题王羽卿诗后》碑

（图片由遵义海龙屯文化遗产管理局提供）

4. 器具文物

文物考古专家分别于1999年、2012年两次对海龙屯进行挖掘，出土碑刻、瓷器、钱币、建筑构件、铁锁、瓦钉等文物上万件。残破的瓷器、陶片，还有瓦片、青砖等文物包含着丰富的历史信息，是当时历史最好的见证，记录了当时的社会、民俗、生活用品、建筑等方面的信息。对这些文物的研究，可以最好地还原当时的历史画面。具有极高的研究价值。

甲片（图片由遵义海龙屯文化遗产管理局提供）

铁箭镞（图片由遵义海龙屯文化遗产管理局提供）

瓦当（图片由遵义海龙屯文化遗产管理局提供）

墙砖（图片由遵义海龙屯文化遗产管理局提供）

（二）海龙屯土司遗产的价值

1. 历史文化价值

海龙屯土司文化经历四朝的历史，深刻地反映了封建王朝统治阶级在这一千多年对当地少数民族的统治和实行的民族政策。展现了当地土司制度从起步到最后退出历史舞台的过程；在这过程当中当地文化在汉文化的影响下形成仅有的土司文化。海龙屯遗址修建于封建王朝统治鼎盛时期，当时封建王朝统治者将当地土地领域划分给杨氏家族进行管理，杨氏家族以千斤巨石修建，建成一所易守难攻的军事城池，反映了杨氏土司家族统治时期的辉煌成就。当地统治者所修建的海龙屯城堡是我国有史以来面积最大的作战城堡，所经历的时间也是最长的。这为许多研究土司文化与遗迹的专家提供了重要的资源，并且有着重大意义。因而，对土司遗存的考察、开发有重大的历史文化价值。

2.土司文化旅游开发价值

遵义地区是全国范围内土司文化资源最丰厚的地方，将这些文化展现在人们眼前可以促使更多人来到遵义从而带动当地经济。其土司制度作为历史上除中央王朝制度外唯一被王朝统治阶级承认的制度，积淀了许多以少数民族文化特色为主的土司文化遗产，而且海龙屯土司遗产成功列入世界文化遗产名录，对保护、传承土司文化和当地社会经济的发展起重要的促进作用。在旅游过程中可以让人们认识更多中国文化和当地特有的文化，增长知识，因此土司文化遗产的开发具有极高的旅游价值。

3.科学考察价值突出

海龙屯遗址作为世界仅有的土司遗址之一，其丰富的土司文化资源更是科学考察必要的资料。海龙屯遗址对于研究中国古代的军事、政治、技术和工艺等极具科考价值。如"骠骑将军示谕龙岩囤严禁碑"就是反映当时军事要塞管理制度的稀有档案。海龙屯是当今中国乃至亚洲保存完好的中世纪城堡遗址。是贵州境内目前仅见的一处大型军事建筑与宫殿建筑合二为一的土司城堡遗址，是研究西南地区土司制度和关隘设施的重要实物资料。海龙屯作为亚洲地区留存较完整的古代军事城堡之一，随着海龙屯遗址发掘出来的铁柱关、飞虎关、飞龙关、朝天关等主要防御通道，为我们提供了古时杨氏家族的防御军事资料，海龙屯的军事防御体系是山地军事防御的杰出典范，是贵州最大的露天战争博物馆，其完整程度是非常大的，在遵义地区发现了大量当时人们使用的物品和精美的石刻，这也成为考古人员所考察的重要物证。

4.艺术观赏价值

海龙屯遗址是目前国内规模最大的城堡遗址，它依靠山脉而修建，从远处观望形状就像万里长城。杨文扩建海龙屯补修近处养马城与合州钓鱼城、南川同名城、珍州大城形成宋方纵深防御体系。明朝又在宽约五公里的山顶上围筑土城月城三重，建衙署，加上屯前的铜柱、铁柱、飞龙、飞凤、朝天、万安等共九关。九关关关相连并在两关之间设护墙，是一座作战的防御力极强、固若金汤的军事城堡。而海龙屯中的格局更为精妙，其惟妙惟肖的石头雕刻艺术让人叹为观止，并且在杨氏墓群所出土的精妙石刻，是宋代雕刻艺术的珍贵遗存以及杨应龙书写的《骠骑将军示谕龙岩屯严禁碑》等遗迹都具有极高的艺术观赏价值。

三、海龙屯世界遗产现状

（一）存在的主要问题

1. 破坏程度大，保护意识薄弱

当下随我国旅游业不断发展，各个省份的文化、自然旅游景观也不断被挖掘出来，经济水平也不断上升，但旅游开发商在开发旅游地的时候往往在意的是其不可多得的市场经济价值，而不遗余力地开发和申遗，并没有关注遗产的真正价值。更没有人将保护和开发结合起来。因而，在开发时总是受到破坏和漠视，因而遗产受到了严重的破坏。海龙屯土司遗产在未申遗成功之前，并没有引起人们的关注，也没有人有意识地去保护遗址，同时开发过程中由于缺乏相应先进的技术水平，使海龙屯土司遗产受到破坏，也使海龙屯土司遗产旅游环境不断恶化，当地政府可持续发展受到严重影响。其次，贵州省属于贫困省份，城市建设和经济发展较缓慢，是海龙屯遗址价值开发的重大难题。而且，遵义地区乃至全国对海龙屯遗址开发的关注度较低。当地居民的教育水平偏低，对土司遗产资源的保护意识不足，"土司"一词也是当地很多人都觉得陌生的，而且在如今科技发达的生活背景下，人们民族意识开始淡化，对海龙屯保护力度薄弱。

2.保护力度不够，资金投入不足

目前海龙屯遗址已面目全非，岩石的酥粉化严重，地衣布满残壁。而且在"平播战争"过程中，已损毁无数城墙与珍贵无比的文物。在此之后，又受到洪涝、雷电等自然灾害对遗址的破坏，破坏程度也较为严重，同时当地政府现有人力和资金的不足对遗址的维护也是一个问题。国家政策明确规定旅游景点开发的绝大多数经费投入来源于旅游资源开发的当地政府，但由于遗址的破坏程度和旅游价值研究与开发耗资较大，仍然存在资金严重短缺的问题。旅游价值研究和开发是一项庞大的工程，在人力、物力和财力方面都有所不足。而且保护与开发的资金主要来源于政府，没有足够的资金保障土司遗产资源旅游价值研究能得到全面开展。

3.发展基础薄弱，旅游产品单一

遵义海龙屯遗址虽然在1982年被列为国家级文物保护单位，但与其他遗址的发展相比，开发时间迟、速度较缓慢。而且海龙屯遗址是在2015年成为世界文化遗产后才正式对外开放的。同时旅游设施建设较滞后，进入景区的公路陡峭、狭窄，上山的必要配套设施几乎没有，全靠自行走路，道路凹凸不平，危险性极高。海龙屯目前研究存在的突出问题之一是旅游价值研究不足，没有打造出独具特色的旅游品牌。提高旅游业经济效益的首要条件是购物、娱乐，但遵义海龙屯景区的旅游产品类型并没有带动当地旅游的发展，没有形成自己的民族特色，而且遵义海龙屯现今的旅游产品主要打造的是当地土司文化，没有其他旅游产品。其旅游产品没有体现出当地民族特色，景区布局结构不完善，吸引力不强，更谈不上文化旅游产品的深度开发。

4.管理体制僵化，缺乏社区参与

目前，海龙屯土司遗产旅游价值的保护缺乏相应的管理体制，在诸多因素的制约下，也缺乏专业的管理技术和管理人才。财政困难、机制滞后、观念保守使遗产的保护和开发过程中受到严重阻碍。海龙屯土司遗产因为自然风化和人类的破坏导致建筑的破损，必须依靠当地居民的力量来共同修复和保护世界遗产，土司文化遗产的开发与保护均需要海龙屯当地居民多层次、多渠道的广泛参与。当地政府并未向居民宣传土司遗产的重要性和鼓励居民积极参与、建立合理高效的社区管理机制。

（二）管理部门的主要举措

1.多举措保护遗产，挖掘遗产文化价值

海龙屯深厚的历史文化和土司文化底蕴和遗址本身的雄奇壮丽，是海龙屯最具核心吸引力和影响力的独特优势。在管理中，严格按照"保护历史遗存，挖掘遗产潜力，丰富产品内涵，提升文化品位"的思路，坚持"保护第一，利用第二"的保护性开发原则，协调处理好保护文物与旅游发展之间的关系，给公众展示一个独具魅力的世界文化遗产。

（1）全面开展文物本体的保护

一是认真谋划，做好项目的编制申报工作。为提高海龙屯文物保护项目设计方案的编制质量，通过认真比较，并咨询有关专家，邀请国内高水准的设计单位参与方案的编制工作。二是精心组织、规范管理，扎实推进文物保护工程的实施。严格按照《中华人民共和国文物保护法》《文物保护工程管理办法》等法律法规规定，全面完成了海潮寺维修工程、海龙屯安全技术防范工程，朝天关维修工程，龙虎大道危岩体加固工程，海龙屯防雷工程，监测预警提升项目；按照申遗需求完成了铜柱关、铁柱关保护工程，明代建筑群（新王宫）遗址保护工程，西关、后关保护维修工程，海龙屯城墙及相关遗存维修工程；正在实施飞龙关、飞凤关抢救性加固保护工程；启动了城墙维修工程招投标程序。

（2）大力宣传文化遗产

一是形式多样推动海龙屯历史文化传播。自海龙屯申遗成功以来，有美国及西欧地区300余家媒体进行宣传报道；携手国内媒体、各大新闻资讯门户网站、各大旅游网站进行宣传；《今日头

条》自媒体宣传；海龙屯百度贴吧发帖宣传；携手本地媒体，"海龙屯"官方微信宣传；遵义地区微信公众平台（聚焦汇川、相约遵义、遵义晚报、遵义新闻、遵义生活通、直播遵义）宣传。二是以活动为载体与资源渠道整合运用，实现有效宣传与精准传播有机结合。先后举办了"丹青记忆·守望家园"画展、"睹物思文·魅力龙岩"文物图片展、"光影龙岩·古色汇川"海龙屯摄影作品展；连续举办"娄山关·海龙屯"国际山地户外运动挑战赛、中国自行车联赛等主题赛事。多角度、多渠道宣传海龙屯，努力在全社会形成关心、关注、支持海龙屯保护利用的氛围，提升海龙屯知名度和美誉度。

（3）积极开展价值研究

基于海龙屯独特的文化价值及展现土司制度所秉承的古代中国对西南多民族地区"齐政修教、因俗而治"的独特管理智慧，积极开展价值研究，深挖遗产价值，丰富文化底蕴，揭开了海龙屯沧海桑田的神秘面纱，展示了遗产的独特魅力。不断加强与专业院校、专家机构合作，不断挖掘"物上之文"。目前已与国家、省、市文物专家、学者达成合作共识，初步建立海龙屯保护和利用专家咨询机制，与中国社会科学院历史研究所共建"土司文化研究基地"，对海龙屯历史文化，尤其是关隘文化和民族文化等进一步研究，不断发掘提炼文物内在的精神文化价值。

2. 依托现代技术，创新遗产展示手段

运用"互联网 +"等现代技术手段，加快打造智慧旅游，更好地促进世界文化遗产合理利用，让公众接触到文物资源，传承文化遗产文化。利用数字技术，加快海龙屯数字展示项目的实施，推动海龙屯遗址及其文物数字化进程和智慧景区建设。传奇文化（贵州）景区运营有限公司已对接中国建筑设计研究院历史研究所及国内数字展示建设公司，根据海龙屯历史文化和实际地理条件等情况，充分运用全息影像、VR 体验等现代科技手法，全方位展示海龙屯历史文化，复原和再现一个全面而完整的意义空间，让观众在虚拟的遗迹空间漫游，直观了解文化遗产的整体效果，与文化遗产、土司文化产生精神共鸣，从而发挥文物的激励和教化作用，推动遗产价值研究成果和文化传承，为人民群众提供精神动力，提升贵州文化自信。

3. 全局性定位统筹，打造大旅游格局

（1）积极推进基础设施改造升级

全面提升景区公共服务设施，增强游客舒适度、满意度。实施观景"三亭"建设项目，提升游客观景体验质量，增加游客停留时间。委托重庆中国三峡博物馆编制休憩亭设计方案，在第一歇马台、三十六步天梯、飞龙关平台分别建"双歇亭""两看亭""双回亭"。启动实施海龙屯核心景区绿化提升项目。在海龙屯核心景区现有植被基础上，清除枯枝死树，挑选苗木和花种进行补种。根据人文和美学原则，在确保核心区地底文物安全的同时，最大限度提升海龙屯核心景区自然景观观赏价值。景区导视导览系统升级改造。针对目前景区导示导览系统不规范，不全面，游客无法真实系统了解景区情况和解读海龙屯厚重历史文化的现状，对海龙屯景区碾坊湾至后关区域内位置标志、导向标志和平面示意图进行统一升级改造。实现导视导览系统整体升级改造工作。

（2）不断丰富景区业态布局

为实现海龙屯遗址在文物保护的同时，充分发掘海龙屯及其周边旅游资源的历史文化价值和旅游产业价值，带动地方经济发展的目的，借鉴国内外文旅小镇打造成功案例，在高坪街道办事处海龙屯村启动茶山露营地建设、下寨传奇土司小镇建设项目，并以此为载体，大力丰富海龙屯景区业态。下寨传奇土司小镇建设。土司小镇以杨氏土司文化为核心，包含游客服务中心、土司博物馆、室内剧场、多媒体影展中心、商业区、停车场等诸多功能，是集吃、住、行、游、购、娱为一体的复合型商旅文化特色小镇。茶山露营地建设。由荷兰 ACSI 公司整体负责设计、安装和运营。项目涵盖 72 顶豪华帐篷，附属停车场工程及配套 12 栋房屋建筑工程。所有帐篷安装、室内铺装已完成，并已正式投入使用。

四、海龙屯世界遗产保护与利用

1. 制定科学合理规划，有序开发

世界遗产保护与利用规划是遗产旅游保护开发的前提和基础，有着长远的战略性意义，在开发中必须制定一套长远的、全面的规划体系，形成一系列的保护制度，避免盲目的发展。在海龙屯土司遗产旅游开发中，应以文化遗产保护为核心，以可持续发展为根本。同时，在对海龙屯开发的规划过程中，也要注重当地自然景观的开发，来衔接规划体系，避免盲目地开发造成对海龙屯遗址的破坏。旅游的目的是带动整体全面的发展，不仅是把遗产旅游资源转化为现实的有竞争力度的旅游"点"，而且要将其打造成为旅游目的地城市的"面"，发挥景区的品牌联动和拓展功能。比如像浙江乌镇、敦煌莫高窟、贵州西江千户苗寨等都是采用这种"以点带面"的方式就做得比较成功。

2. 健全保护遗产措施，保护优先

保护海龙屯土司文化遗产旅游价值需要健全相关保护法律法规等，对当地旅游业的长期发展也有着重要的意义。在当地居民方面，应建立相应的文物保护管理委员会，提高居民的文物保护意识，同时也投入保护文物工作中，以此来了解海龙屯土司遗产旅游价值的重要性，防止一切可能破坏文物的行为。目前，海龙屯土司遗产旅游价值的保护和开发仍缺乏相应的法律保护机制，海龙屯应制定《海龙屯文化遗产保护法》等相关法律法规并严格执行。最为重要的是组建海龙屯遗产博物馆，在博物馆设立文物展示厅、考古研究所、文物保护所等措施，保证文物的有效保存和利用。

3. 挖掘土司文化价值，丰富产品

近几年，西南土司制度和土司文化深受学界的关注，而海龙

屯遗址规模宏大且保持完整，海龙屯出土的大量珍贵文物是研究西南土司制度和土司文化的宝贵资料。但海龙屯土司遗产开发程度较低，许多土司遗产尚未完整挖掘出来，政府应充分利用土司文化研究机构，深入土司文化的精髓，充分开发出海龙屯遗址学术价值和科研价值。利用"旅游＋创新"模式，将海龙屯土司遗产遗址培育成为遵义市旅游的重要品牌，提升海龙屯遗址的知名度，走海龙屯土司遗产与遵义红色旅游资源结合发展的独特旅游路线，使游客可以在游览海龙屯遗址独特土司文化时，也能领略遵义红色文化的魅力。同时在红色与土司一体文化领域的基础上，进一步扩展到仁怀酒文化、湄潭茶文化，形成独具特色的旅游路线与产品体系，让游客欣赏到不同文化的魅力，吸引更多游客前来遵义旅游，以此增加旅游产品的独特性，增加游客的消费。

4. 提高景区服务水平，质量为纲

作为服务业，"服务"就是核心，就是灵魂，好的服务能够得到很好的反响，顾客的满意度与幸福度和服务水平的高低息息相关。而景区的工作人员大多要和游客直接接触，服务人员就代表了景区的形象。不断提高并加强景区工作人员的旅游服务能力与道德素养，推动海龙屯旅游整体形象和旅游发展起着重要的作用。海龙屯景区侧重培养和招聘一批优秀的景区讲解员和相关的服务工作人员，做好同游客的沟通和讲解工作，为景区塑造热情好客、淳朴古风的良好形象，创造"双丰收"，开创双赢的局面。

5. 强化品牌运营管理，出奇制胜

海龙屯必须走品牌化发展道路，这是海龙屯打造全国知名旅游目的地的必然选择。现如今是信息网络社会，新媒体时代，网络宣传是必不可少的宣传方式。一方面可以利用传统媒体和互联网新媒体来加强海龙屯的宣传，提升海龙屯遗产的知名度。其次，可以利用一些公共关系活动来塑造海龙屯新形象，强化海龙屯在旅游者心目中的旅游定位。此外，还可以采用影视宣传，像以往打造的《奢香夫人》《二十四道拐》等影视媒介来挖掘游客的好奇心，激发游客的共鸣。海龙屯需要出奇制胜，发掘市场真正的需求，通过大力宣传，以此形成自身的品牌形象，获得公众的认可，真正将海龙屯打造成一个让游客向往的热点景区。

6.坚持走可持续发展的道路

海龙屯土司遗产旅游应该走可持续发展的道路，方能实现其旅游的长期价值。在海龙屯遗产得到适当的开发后，应加强对周边环境的整改，缓解大量游客的涌入造成的不良影响，提高旅游地的附加值。在旅游旺季，可以通过网络售票系统有效地控制游客流量，使其不能超过景区游客的容量；严格控制景区基础设施的建设，建设工程必须通过影响评估才能进行建造，避免不必要的污染；对海龙屯景区实行环境监测，一旦发现问题立即关闭相应的区域；严禁在景区范围内建设任何的娱乐设施。只有提高景区的可持续发展能力，才能达到开发中实现保护，保护是为了更好地开发保护的真正目的。

文化遗产是人类弥足珍贵的无价财富，具有不可再生性。海龙屯土司遗址经过数百年的历史洗礼，给后人留下了宝贵的财富。我们需要保护好它，也需要利用好它，这样才能最大限度地发挥其价值。通过遗产保护，才能充分发掘其蕴含的无穷价值，而通过旅游的发展，实现了其价值的最大发挥，也为保护遗产提供了有效的方式和途径。海龙屯土司遗产对遵义市旅游业的发展将会发挥越来越重要的作用。随着海龙屯土司遗产价值的不断宣传和被游客所认可、接受，随着海龙屯知名度的提高，旅游产品业态的不断丰富，海龙屯土司遗产必将绽放其最绚烂的色彩和永恒的魅力，推动遵义旅游走上新的高度。

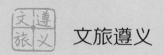
第 四 章

美酒飘香：遵义酒文化旅游

第一节　遵义酒文化概况

　　遵义，古称"播州"，位于贵州省北部，为贵州全省第二大城市，也是中国极具代表性的酒文化历史名城。遵义酿酒历史最早可追溯至商周时期，酒文化底蕴极其深厚，全国八大名酒中，茅台和董酒都产自这里。1915 年，在巴拿马万国博览会上，贵州茅台就因中国酒师的"摔酒瓶"事件一举成名，而作为茅台故乡的仁怀和遵义也开始备受瞩目。目前，遵义市拥有全国最大的酱香型白酒企业茅台酒厂，形成了以国酒茅台为龙头的白酒产业；同时在遵义的仁怀、习水、赤水等地保存了大量酒文化遗址遗迹，还开设有中国酒文化城等酒文化陈列场所，系统地展示了遵义市乃至中国白酒文化变迁脉络。

一、遵义酒史

　　遵义酿酒的历史可谓源远流长，是全国闻名的酒乡。早在商周时期，土生土长的遵义仡佬族先民濮人就已熟练掌握了酿酒的技术，古籍中有周王伐鬼方与濮人"恤酒盟誓"的记载，1994 年遵义市仁怀云仙洞遗址出土的大口陶樽、陶杯以及陶壶等商周时期酒具也进一步证实了这一点[1]。至汉代，遵义仁怀市一带民众已掌握了较高水平的酿酒技术，出现了被汉武帝青睐并列为贡品的"枸酱"；根据《史记》第 55 列传当中"西南夷"一文的记录，"建元六年……蒙问所从来，曰：'道西北牂牁，牂牁江广数里，出番禺城下。'蒙归至长安，问蜀贾人，贾人曰：'独蜀出枸酱，多持窃出市夜郎。夜郎者，临牂牁江，江广百余步，足以行船。'"①，此夜郎即今仁怀一带。到元明交替时期，仁怀市茅台镇杨柳湾附近开始陆续建成正规的酿酒作坊，并开发出别具一格的"回沙"工艺[2]，也正是由于该工艺的出现，遵义的蒸馏酒开始自成一派。明朝末年至清代初期，茅台镇的回沙酱香酒逐步定型；清代康熙年间，茅台镇著名的酿酒作坊"偈盛酒号"正式将其生产白酒命名为茅台酒，"茅台"一名至此沿用至今，并发展成为贵州最知名的白酒品牌。据《续遵义府志》记载："茅台酒，出仁怀茅台村，黔省第一"。在此期间，茅台镇还同时涌现出了"茅春""茅台烧春""回沙茅台"等系列白酒，它们也一度成为全省乃至西南地区的佼佼者。至光绪年间，茅台独特的酿造技艺在遵义其他地区也逐步得到推广。如在当时遵义县（现称播州区）的鸭溪镇，部分老酒坊开始挖池建窖，通过借鉴和改进茅台酿造工艺开始酿造窖酒，研发出具有"浓香酱尾"这一独特风味的"鸭溪香"，开辟了遵义市白酒发展史上除酱香型白酒外的又一大白酒派系——浓香型白酒。到清朝末年和民国初年期间，遵义市本地的酿酒世家程氏后人在制曲技艺和酿造工艺等方面博采众长，研制出了酒质独特的"董公寺窖酒"，遵义白酒产品体系进一步得到拓展，董香型白酒开始产生，至此，遵义市酱香为龙头、浓香和董香为两翼的白酒产业初具雏形。此后的百年间，遵义当地的酒类企业及作坊集众家之所长，同时结合地方特色，又陆续研发出了国台酒、珍酒、汉酱酒、酒中酒、钓鱼台国宾酒等酱香名酒，形成至今全市酒业"百花齐放、各有千秋"的发展格局。

二、遵义酒类

遵义是著名的酒乡，以盛产高度白酒著称，2017年上海国际酒交会上，遵义入选"世界十大烈酒产区"。遵义的白酒酒类众多、琳琅满目，在产品层次上涉及国酒、名酒以及地方名优白酒，在香型上涵盖了全国白酒五大香型中的三个系列，即酱香型白酒、浓香型白酒以及董香型（也称特殊香型）白酒。

1.酱香型白酒

酱香型，又称茅香型，按照酒曲分类属于大曲酒类。酱香型白酒外观清澈透明，色泽略带微黄；其酱香极其突出，酒体十分醇厚，入口幽雅细致、回味悠长[3]。酱香型白酒制作工艺繁杂，包括碎沙、大曲粉碎、下沙、糙沙、入库贮存以及勾兑等多个步骤。遵义酒类当中最为突出的品牌系列当属酱香型白酒，这里诞生了我国大曲酱香型白酒的鼻祖——国酒茅台，孕育了全球最大的酱香型白酒生产基地，并形成了以茅台、习酒、珍酒等多个系列为代表的酱香型白酒品牌。其典型代表产品如下：

（1）茅台酒

茅台酒，原产于遵义市仁怀市茅台镇。茅台酒是遵义全市最具代表性的酱香型白酒，同时更是全国酱香型白酒的开山鼻祖，它与法国科涅克知名葡萄白酒——白兰地、英国苏格兰知名大麦白酒——威士忌并称为全球三大蒸馏名酒。1915 年，茅台酒在万国博览会上荣获金质奖章和奖状。作为酱香型白酒的典型代表，茅台酒的酱香极其突出，酒体十分醇厚，入口幽雅细致、回味悠长，空杯留香持久。茅台酒的历史十分悠久，其独特的酿制工艺、绝对上乘的品质、厚重深远的文化，以及其在全球外交、生活等各个领域发挥的重大作用，使之成为我国当之无愧的国酒。

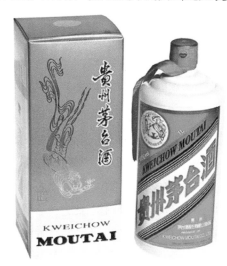

图 4-1　遵义茅台系列

（图片来源：https://b2b.hc360.com/viewPics/supplyself_pics/258554946.html）

（2）习酒

习酒，产于贵州省遵义市习水县习酒镇，同样也是遵义酱香型白酒的代表性品牌之一。作为中国名优白酒之一，习酒曾多次荣获"国家质量奖""贵州十大名酒之首"等多项荣誉称号。2018年，习酒集团的品牌价值已位居全国白酒行业第九位、贵州省白酒行业第二位。习酒的酿制秉承酱香白酒所特有的传统工艺，通过采用纯粮固态酿造而成。从外观上看，习酒的颜色呈透明偏微黄色，具有"酱香十分突出，酒体醇厚丰满，入口细腻体净、回味悠长，空杯留香持久"等典型风格特征，其名下的金习、银习、红习等系列产品因品质优良而价格相对亲民等特征而享誉国内外。

图 4-2　遵义习酒系列

（图片来源：https://www.gzxijiu.com/Product/list.html）

（3）珍酒

珍酒是贵州茅台易地试验的产物，有着"酒乡明珠""酒中珍品"等美誉，是中国100强名酒之一，坐拥国家优质产品奖、北京国际博览会金奖、中华文化名酒、美国洛杉矶国际酒类展评交流会金杯奖等多项荣誉称号。珍酒的酿造技艺集数百年之大成，具有正宗酱香的典型风格，其酱香突出，优雅圆润，入口醇厚味长，空杯留香持久。目前市场主要流通产品包括普通珍酒、珍品珍酒、珍一号、精品珍酒等，是有着茅台酿酒技术但价格亲民的代表性白酒。

图 4-3 遵义珍酒系列

（图片来源：https://www.gzzjc.cn/Content/355936.html）

2. 浓香型白酒

浓香型白酒以浓香甘爽为主要特点，其窖香十分浓郁，入口后香味协调、绵柔甘冽、尾净香长[4]。浓香型白酒制作工艺同样十分复杂，需在原料处理的基础上，经过出窖、配料和拌和、蒸酒蒸粮、打量水、摊凉、撒曲、封窖等多个步骤方能完成酿制。不仅如此，浓香型白酒的制造对环境和工艺的要求十分苛刻，酒窖和酒糟的好坏能直接影响其酒品质量的高低，因此自古有"千年老窖万年糟，老窖酿酒，格外生香"之说。遵义浓香型白酒中，较具代表性的系列产品包括鸭溪窖酒、湄窖等。

（1）鸭溪窖酒

鸭溪窖酒，最早源于遵义市西南遵义县（今播州区）境内的鸭溪镇，也因其产地而得名，是贵州省名酒代表之一，自古有"酒中美人"之美誉。作为浓香型白酒的典型代表，鸭溪窖酒具有浓香型白酒原有的基本特征，其窖香十分浓郁，入口绵柔爽净、甜而不腻、香而不暴、余味悠长；不仅如此，由于鸭溪镇当地独特的地理环境、气候条件以及传统制作工艺，鸭溪窖酒同时还有"浓头酱尾"（浓香入口、酱香回味）的独特风格，被业界称为"鸭溪香"，在中国白酒中独树一帜，是贵州省当地群众十分喜爱的佳酿。

图 4-4　遵义鸭溪窖酒系列

（图片来源：https://auction.artron.net/paimai-art0013223559）

（2）湄窖酒

湄窖酒，其原名称湄江窖酒，生产于遵义市湄潭县酒厂，因其酿制过程中取水湄江而得名，有"酒中珍品"之美誉，曾先后荣获"国家优质酒""新世纪中国著名白酒品牌"等多项荣誉称号。湄窖酒亦属浓香型白酒，其酿制以优质高粱和小麦等原材料为基础，结合浓香型白酒传统工艺而成。湄窖酒外观清澈透明，芳香十分浓郁，入口后绵甜爽净、回味悠长，是中外消费者普遍喜爱的浓香型白酒产品之一，在我国外交工作中发挥着举足轻重的作用，是中华人民共和国外交部驻外机构专用酒。

3.董香型白酒

董香型白酒为白酒中的特殊香型，是目前国内唯一使用多种草本植物制曲却又未成为药酒的传统白酒。与其他白酒不同，董香型白酒加入了 130 多种纯天然草本植物，且需经过小曲小窖制取酒醅、大曲大窖制取香醅、双醅串香工艺生产、分级陈酿和勾兑方能成型。遵义市董公寺生产的董酒是全国董香型白酒唯一的代表，"董香型"也正是因其而得名。

　　董酒，产于遵义市汇川区的董公寺镇，是众多白酒中酿造工艺别具一格的一种类型，也是全国老八大名酒之一，曾多次荣获"中国名酒"、国家金质奖章等荣誉和称号。董酒外观清澈透明，其香气优雅舒适，入口醇厚浓郁、甘爽味长[5]，兼具酯香、醇香和百草香，多年来因其独特的工艺、独特的风格以及独特的香气以及优良的品质而驰名中外，在中国名优白酒中独树一帜。

图 4-5　遵义董酒系列

（图片来源：http://www.chinadongjiu.com/products/214.html）

三、遵义酒礼酒俗

　　遵义的酿酒历史可以说是源远流长，由于长期受这种深厚而悠久的文化熏陶，遵义人民在长期的酿酒和饮酒的实践中，又创造了自身独具特色而富有风趣的酒礼酒俗，进一步拓展了遵义酒文化的内涵。在众多酒礼酒俗中，又以当地少数民族的酒礼酒俗最具特色。根据遵义市第五次人口普查的统计结果，遵义全市目前分布有大大小小的少数民族共 36 个，包括仡佬族、苗族、土家族、布依族等，因生活习惯不同、民俗风情各异，各民族在长期生活的过程中所形成的酒礼酒俗亦是绚丽多姿，共同造就了遵义辉煌灿烂的酒文化。

1.遵义仡佬族的酒礼酒俗

仡佬族，集中分布于遵义市北部的道真和务川两个仡佬族苗族自治县内，另在余庆县、仁怀市等其他地区也有少部分散居。仡佬族人擅长酿酒，也爱饮酒，遵义酒文化起源中古籍记载的濮人即仡佬族的先民，酒于他们而言可以说是生产和生活的一部分。也正因如此，仡佬族至今保存了大量与其生活息息相关且又极具民族特色的酒礼和酒俗。

（1）"三幺台"

"三幺台"为20世纪80年代在道真县三桥一带兴起的招待贵宾的特殊礼仪，"幺台"为方言，代表"结束"的意思，"三幺台"则指的是仡佬族居民在招待贵宾吃饭时，前后一共需要吃三次才算完成，它们分别是茶席（接风洗尘）、酒席（八仙醉酒）和饭席（四方团圆）。"三幺台"酒席礼仪中，佐酒的菜品要求必须是九道，佐酒菜上好后必须首先斟酒敬奉祖先方能动筷。酒席中，凡是端杯饮酒者，至少三杯，分别为主人向客人敬酒表示欢迎、客人向主人敬酒以示感谢以及晚辈向长辈敬酒以示尊重，不饮酒者则可以茶代酒。此外，酒席中还有说酒礼、敬酒歌等劝酒仪式，敬酒过程中，通常由帅气漂亮的青年男女到客人身旁，以仡佬族特有敬酒歌动员其喝酒，一般喝满三杯方停止劝酒。

图4-6 仡佬族"三幺台"茶席和酒席部分代表菜品展示

（图片来源：谢晋《探寻仡佬族传统村寨——田家寨，体验三幺台大开眼界》）

（2）结婚酒

仡佬族自古有"婚姻之礼，牛酒为聘"之说，从其求婚到整个婚礼结束共囊括提亲酒、鸡卦酒、打倒信、交小礼、装香、开庚、发庚、送期、迎亲等十多种酒礼酒俗，其中又以迎亲酒最为隆重。仡佬族中，男女双方迎亲酒持续时间长达6—8天，其中前五天以女方家哭嫁、表达离别之情为主，后三天男女双方宴请宾客时间为迎亲酒最为隆重的环节。结婚酒宴请宾客的三天当中，第一天为进亲酒。男方准备酒等礼物带至女方家，早已等候在门口的女方见到接亲宾客后则用藿麻等带刺植物击打其腿部，然后双方开始对歌，直至女方词穷方开门迎客。在进亲酒的当天，不论男女两家距离远近，男方均须在女方家留宿一晚。第二天为正酒。经过祭祀等环节后，新娘在亲友的祝福和护送下向男方家出发，男方则早早组织童男童女在村口设置三道关口迎接，第一、

图 4-7　遵义仡佬族进亲酒

（图片来源：协珍旅游讲说《仡佬族的婚俗，从恋爱到结婚，喝几次酒才能将姑娘完美地娶到家！》)

二、三道关口要求饮酒数量分别为两杯、四杯和六杯；随后开始打酒官司、吃酒席、玩游戏，根据输赢决定喝酒的数量。整个过程中，敬酒者须唱敬酒歌、喝酒者则须唱答谢歌。第三天为交新酒。交新酒当天，男方家人通常统一集中于堂屋，新娘在新郎的陪同下，带上酒和新鞋，依照辈分和年龄的顺序分别敬酒两杯以示祝福，随后男方亲友向女方送亲宾客分别敬酒两杯，并奉上牛角酒、肉等礼物。

（3）丧葬酒

仡佬族人的丧葬程序十分繁杂，并且在丧葬程序中，包括报丧、吊丧、为亡人洗身、换衣、装殓、开路、跷棺、择地、安葬等在内的每一个环节同样都离不开酒。如吊丧酒，仡佬族当中有人去世后，其乡邻好友不论时间早晚、关系好坏均须带上酒等物品前去吊丧，并协助丧家安排丧葬相关事宜；而丧家则需拿出家中备好的酒水，供客人饮用以表谢意，称之为"爬坡酒"。又如祭献亡灵酒，仡佬族中一旦有人去世，其丧事则从即刻开始，后续每隔半个小时，逝者的子女须不间断向其敬酒，用以祭拜亡灵。再如踩堂酒，仡佬族人去世后，前往吊丧的男性亲友须前往灵前参与巫翁主持的吊丧活动。活动过程中，男性亲友须在死者灵前伴随芦笙的节奏进行唱跳，而每次唱跳至巫翁面前时，必须饮下其用牛角所斟之酒，随后继续唱跳，并齐声喊"主人家送晌午喽！"，此时马上有妇人提酒桶、端碗给众人倒酒，并趁机向吊丧宾客脸上涂抹锅灰，称之为踩堂酒。整个踩堂酒持续时间长达一昼夜，以表示对死者的哀悼之情。

2.遵义苗族的酒礼酒俗

苗族在遵义市集中分布在北部的道真仡佬族苗族自治县、务川仡佬族苗族自治县、桐梓县马鬃、播州区洪关、仁怀市后山、余庆县花山以及正安县市坪和谢坝六个苗族乡内。苗族人待客热情，自古有"无酒不成席"之说，遵义的苗族同胞们沿袭了苗族先民们对于酒的热爱，他们传承下来的交杯酒、拦路酒、打印酒等各类酒礼酒俗亦别具一格，是遵义酒文化中极具特色的组成部分之一。

（1）交杯酒

交杯酒，又称扯碗酒，为遵义苗族聚居地盛行的一种特色酒俗，在布依族、侗族等其他少数民族中也较为流行。此交杯酒并非大众所理解的婚礼上的交杯酒，其中的"交杯"更大程度上意指交情、交心。苗族的交杯酒分为三种形式：第一种和现代婚礼上的交杯酒形式相同，由喝酒的两人分别举杯，然后手臂相交对饮，多在苗族夫妻双方喝酒时使用，主客间喝酒有时也采用此形式；第二种形式为一般情况下的交杯，同样由两人分别举杯，但须将酒递给对方同时喝下；第三种形式为集体交杯，喝酒之人首先围成一个圆圈，每人手持酒杯，喝酒时，左手接过上家的酒杯，同时右手将手中的酒杯传给下家，然后同时饮尽，以此增进彼此间的感情。

图 4-8　苗族交杯酒

（图片来源：c夫子《牛角交杯酒正酣》）

（2）拦路酒

苗族人民热情好客，在隆重的节日里，主人会在宾客进寨的必经之路上备酒恭候，以示欢迎。宾客到后，主人首先以歌劝酒，客人可与主人对歌，且须饮酒后方能入寨。拦路酒中，牛角杯是常规的敬酒的工具，敬酒时常用左手托住牛角杯的杯口、右手手握牛角杯的角尖，然后将酒杯从下至上递到客人手中；客人接酒也须采用同样的姿势，并在喝完之后以同样的姿势归还酒杯。值得一提的是，拦路酒过程中，客人如若不擅饮酒，切忌用手触摸酒杯，一旦双手接过酒杯，则意味着必须一饮而尽。

图 4-9　苗族拦路酒

（图片来源：香香花猫《拦路酒长桌宴苗族舞》）

图 4-10　苗族打印酒

（图片来源：贵州玩乐《贵州少数民族的这些酒文化，简直太可怕！》）

（3）打印酒

打印酒主要出现在苗族人婚嫁或节庆酒席中，"印"多用萝卜、红薯等制作而成，"打印"指的是用萝卜、红薯等制成的"大印"蘸上蓝靛、墨汁、锅灰等可以染色的颜料往饮酒宾客脸上加盖印记的行为，是对饮酒数量的一种计量，更是一种主客之间开展娱乐互动的方式。在苗家酒席当中，主客之间完成基础的三杯敬酒之后，打酒印环节随即开始，饮酒之人每喝酒一杯，便有人手持"大印"在其脸上"盖章"，酒印越多，象征着宴请宾客的主人越盛情、饮酒的宾客越海量。

3. 遵义土家族的酒礼酒俗

土家族在遵义集中分布在位于北部的道真仡佬族苗族自治县的上坝土家族乡内，人数约 2.5 万人。与其他众多少数民族一样，土家族人同样嗜酒，自古有"无酒不成礼，无酒不成俗"之说。在土家族从农事节庆到婚丧嫁娶、奉迎宾客的众多民俗活动中，酒均占据了极其重要的地位。

（1）咂酒

咂酒是土家族人一种富有民族特色的酒，在苗族、彝族、羌族等少数民族也十分盛行，其历史最早可追溯至乾隆时期。乾隆四十年刻本《石柱厅志》有记载："土风为民风之倡。……死亡不从凶而从吉，家家燕尔闹丧……其尤可怪者，邀集男女会饮咂酒。"咂酒多采用玉米、高粱、大麦等粮食作物酿制而成，饮用时方启封，然后不断注水并插上竹管供宾客轮流饮用，直至咂酒淡然无味。由于咂酒过程中以吸管作为喝酒的工具，饮酒时经常发出"咂咂"的响声，故由此得名。

图 4-11　土家族咂酒

（图片来源：http://m.qulishi.com/news/201603/89140_1.html）

（2）祝米酒

土家族有新生儿出生后，其家人为庆祝其诞生，会举办诞生礼，称为祝米酒。祝米酒通常定于婴儿出生的第三天或满月之际，也有部分会请巫师另择吉日。在祝米酒举办的当天，新生儿的父亲须携带鸡一只（若新生儿为男孩带公鸡，为女孩则带母鸡）、酒一壶前往外祖母家报喜。收到喜报后，由外祖母领队携娘家亲友，带上被子、衣物、帽子、腊猪脚、大米、打红印的鸡蛋、面条等婴儿和产妇所需物品前往男方家祝贺。外祖母见到婴儿后，要亲手为其穿戴新衣，并送上红包和祝福。祝米酒酒席当中，由外祖母入座首席，女方其他亲友依次入座，酒席结束后通常留宿一晚，并伴有对唱（外祖母、祖母）、歌舞等活动。第二天女方亲友回家，男方须准备衣物、手帕等礼物回赠，并给媒人奉上谢礼。

（3）喜酒

与仡佬族相同，土家人婚姻当中的每一道程序也离不开酒。如最初男方通过媒人到女方家求婚征得女方家长同意后，女方家即须设宴宴请其亲友，称为"放口酒"。"放口酒"结束后，男方

图 4-12　土家族喜酒

（图片来源：唯悟《土家婚礼闹翻天》）

又须准备酒肉由媒人送至女方，称"讨八字"，后续还有合八字、定亲等环节，最后才是正式婚礼。到婚礼当天，男方首先应向媒人敬酒，并唱敬酒歌；拜堂结束后，新郎新娘同时奔向洞房抢坐新床，以争取未来在家中的地位，"夺床"环节结束后新郎新娘开始喝交杯酒，象征白头偕老、忠贞不渝。

第二节　遵义酒文化旅游产品

遵义酒文化相关旅游资源丰富，旅游产品多样，主要可分为酒文化相关旅游景点、景区以及酒类旅游商品两大类，下文将介绍遵义酒文化相关实体旅游资源和评级、遵义市酒文化相关旅游景点景区以及遵义市酒文化旅游商品三部分内容。

一、遵义酒文化实体旅游资源

1.遵义酒文化实体旅游资源调查

总体而言，遵义市酒文化相关旅游资源数量丰富、类型多样。参照旅游资源分类、调查与评价（GB/T 28972-2017）相关标准，对遵义全市境内酒文化相关旅游资源进行调查的结果显示，遵义市内酒文化相关的实体旅游资源共涵盖了地文景观、建筑与设施、旅游商品 3 大主类，3 个亚类以及 5 个基本类型，合计实体资源单体 98 处，具体见表 4-1。

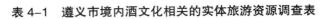

表 4-1　遵义市境内酒文化相关的实体旅游资源调查表

主类	亚类	代码	基本类型	资源实体	数量
A 地表景观	AC 地表形态	ACD	沟壑与洞穴	习水酒仙洞、习水美酒洞	2
E 建筑与设施	EA 人文景观综合体	EAD	建设工程与生产地	酒中酒老厂、茅台301厂、国台酒业集团、酒中酒酒业、遵义习水宋窖博物馆、茅台九九坊、仁怀曹氏酒馆、仁怀高酱酒业、茅酒之源（一车间）、茅台酒酿酒工业遗产群二片区踩曲房和发酵仓、茅台酒酿酒工业遗产群制曲二片区踩曲房和发酵仓、茅台酒厂房、茅台酒酿酒工业遗产群第八栋酒库、茅台酒酿酒工业遗产群下酒库第五栋酒庄、老贵酒业、中心酿酒集团、仁怀远明酒业、仁怀祥康酒业、仁怀怀庄酒业、仁怀无忧酒业、仁怀陈年酒厂、仁怀国贵酒业、仁怀雄正酒业、仁怀红粱魂酒业、仁怀海航怀酒业、仁怀京华酒业、仁怀郑氏酒业、仁怀盛酱酒业、仁怀大渡河酒业、仁怀老掌柜酒业、仁怀王立夫酒业、仁怀天造集团、仁怀义酒坊、仁怀云峰酒业、名酒工业园区、国联酱酒庄园、国联酒窖、茅台301老厂、余庆太平酒厂、余庆龙井酒厂、余庆敖溪酒厂、余庆他山酒厂、余庆茂平酒厂、余庆玉龙酒厂、余庆青龙酒厂、余庆永兴酒厂、湄潭湄窖酒厂、湄潭福源酒厂、湄潭千禧酒厂、湄潭茅坪老酒厂、湄潭兰江酒厂、湄潭龙潭酒厂、回春酒厂、洪桃酒厂、洞口湾酒厂、同心乐酒厂、凤冈龙潭酒厂、务川仡山洞藏酒厂、务川洋溪酒厂、道真东郊酒厂、道真龙华寺酒厂、道真酒厂、道真玉隆酒厂、道真骆家酒厂、道真新民酒厂、正安河口酒厂、正安长深酒厂、正安大河坝酒厂、正安二龙酒厂、绥阳县天酒厂、绥阳黔珍酒厂、绥阳天源酒厂、绥阳金城酒厂、绥阳圣佑酒厂、桐梓新天地酒厂、桐梓贵源酒厂、赤水老窖酒业、习水酒厂、习水二郎酒厂、习水龟仙洞酒厂、习水习溪酒厂	81
		EAF	康体游乐休闲度假地	中国酒文化城、茅台古镇、天下第一瓶——茅台酒瓶、国酒门	4
		EAI	纪念地与纪念活动场所	酱酒文化纪念馆、茅台镇酱酒文化纪念馆、黔酒文化馆、周恩来酒文化纪念馆	4
G 旅游商品	GA 农业产品	GAA	种植业产品及制品	贵州茅台酒系列、习酒系列、董酒系列、珍酒系列、湄窖酒系列、鸭溪窖酒系列、湄潭茶酒系列	7
3	3	5			98

2.遵义酒文化实体旅游资源评价

（1）评价原则

遵义市酒文化相关实体旅游资源评价是在对酒文化旅游资源开展调查的基础上，以《旅游资源分类、调查与评价》（GB/T 18972-2017）标准为指导，对酒文化旅游资源的总体特征及开发条件进行判断和把握，从而为遵义酒文化类旅游资源的合理开发利用与可持续发展提供科学基础的工作过程。其评价原则有以下几点：

客观实际原则

通过实地调查、拍摄照片视频及单体描述的形式，以获取大量的对资源的感性认识，然后从实际出发，实事求是地对其价值高低、大小、好坏和功效进行客观评价，做到既不任意地夸大，也不无限地缩小。

全面系统原则

考虑到旅游者的审美观念、个人偏好、社会价值观等均存在较大差异，旅游资源的价值和功能对于其而言也会因个人而异、呈现多样化的特征。因此，酒文化旅游旅游资源的评价也应兼顾这一点，从全面、系统和综合的角度进行。

符合科学原则

指在对酒文化资源进行评价过程中，对于酒文化相关实体资源的形成过程、本质属性、功能价值等核心问题进行描述时，应采取科学的态度予以正确的解释，不能全部贯以神话传说，更不能相信和宣传封建迷信。

定性和定量相结合原则

定性评价和定量评估是旅游资源评价过程中最为常见的两大方法，但两者各有优劣：定性评价在操作上相对简单、方便，能直观体现旅游资源的总体特征，但总体主观性较强，评价结果往往因人而异；定量评估则通常严格参照技术要求的标准和程序进行，评价结果相对客观公正，但往往操作过程极其复杂、费时费力。酒文化旅游资源的评价应扬长避短，结合定性评价和定量评估两种方法，全面系统地对酒文化旅游资源做出客观准确的评价。

（2）评价依据

主要根据《旅游资源分类、调查与评价》（GB/T 18972-2017）打分标准对资源单体进行逐项打分，具体参见表 4-2。

表 4-2　旅游资源表

评价项目	评价因子	评价依据	赋值
资源要素价值（85分）	观赏游憩使用价值（30分）	全部或其中一项具有极高的观赏价值、游憩价值、使用价值	30-22
		全部或其中一项具有很高的观赏价值、游憩价值、使用价值	21-13
		全部或其中一项具有较高的观赏价值、游憩价值、使用价值	12-6
		全部或其中一项具有一般观赏价值、游憩价值、使用价值	5-1
	历史文化科学艺术价值（25分）	同时或其中一项具有世界意义的历史价值、文化价值、科学价值、艺术价值	25-20
		同时或其中一项具有全国意义的历史价值、文化价值、科学价值、艺术价值	19-13
		同时或其中一项具有省级意义的历史价值、文化价值、科学价值、艺术价值	12-6
		历史价值或文化价值或科学价值或艺术价值具有地区意义	5-1
	珍稀奇特程度（15分）	有大量珍稀物种或景观异常奇特或此类现象在其他地区罕见	15-13
		有较多珍稀物种或景观奇特或此类现象在其他地区很少见	12-9
		有少量珍稀物种或景观突出或此类现象在其他地区少见	8-4
		有个别珍稀物种或景观较突出或此类现象在其他地区较多见	3-1
	规模、丰度与几率（10分）	独立型旅游资源单体规模、体量巨大；集合型旅游资源单体结构完美、疏密度优良级；自然景象和人文活动周期性发生或频率极高	10-8
		独立型旅游资源单体规模、体量较大；集合型旅游资源单体结构很和谐、疏密度良好；自然景象和人文活动周期性发生或频率很高	7-5
		独立型旅游资源单体规模、体量中等；集合型旅游资源单体结构和谐、疏密度较好；自然景象和人文活动周期性发生或频率较高	4-3
		独立型旅游资源单体规模、体量较小；集合型旅游资源单体结构和谐、疏密度一般；自然景象和人文活动周期性发生或频率较小	2-1

评价项目	评价因子	评价依据	赋值
资源要素价值（85分）	完整性（5分）	形态与结构保持完整	5-4
		形态与结构有少量变化，但不明显	3
		形态与结构有明显变化	2
		形态与结构有重大变化	1
资源影响力（15分）	知名度和影响力（10分）	在世界范围内知名或构成世界承认的名牌	10-8
		在全国范围内知名或构成全国性的名牌	7-5
		在省范围内知名或构成省内的名牌	4-3
		在本地区范围内知名或构成本地区名牌	2-1
	适游期和使用范围（5分）	适宜游览的天数每年超过300天或适宜于所有游客使用和参与	5-4
		适宜游览的天数每年超过250天或适宜于80%左右游客使用和参与	3
		适宜游览的天数每年超过150天或适宜于60%左右游客使用和参与	2
		适宜游览的天数每年超过100天或适宜于40%左右游客使用和参与	1
	环境保护与环境安全	已受到严重污染或存在严重安全隐患	-5
		已受到中度污染或存在明显安全隐患	-4
		已受到轻度污染或存在一定安全隐患	-3
		已有工程保护措施环境安全得到保证	3

注："资源要素价值"项目中含"观赏游憩使用价值""历史文化科学艺术价值""珍稀奇特程度""规模、丰度与几率""完整性"5项评价因子。"资源影响力"项目中含"知名度和影响力""适游期或使用范围"2项评价因子。"附加值"含"环境保护与环境安全"1项评价因子。

（3）评价程序

评分小组由课题编制 2 人、遵义市文体旅游局 2 人、遵义部分县市文体旅游局 6 人，合计 10 人构成。每位成员对上述 97 个资源单体逐个打分。针对每个资源单体，去掉最高分和最低分，以打分均值认定为该资源单体的最终得分，最终依据旅游资源单体评价总分，将其分为五级，从高级到低级为：

五级旅游资源，得分值域 ≥ 90 分。

四级旅游资源，75 分 ≤ 得分值域 ≤ 89 分。

三级旅游资源，60 分 ≤ 得分值域 ≤ 74 分。

二级旅游资源，45 分 ≤ 得分值域 ≤ 59 分。

一级旅游资源，30 分 ≤ 得分值域 ≤ 44 分。

此外还有：

未获等级旅游资源，得分 ≤ 29 分。

五级、四级、三级旅游资源被通称为"优良级旅游资源"，其中五级旅游资源称为"特品级旅游资源"，四级旅游资源称为"优级旅游资源"，三级旅游资源称为"良级旅游资源"，二级、一级旅游资源被通称为"普通级旅游资源"。

（4）评价结果

课题组组织专家组对遵义市 98 个酒文化相关实体旅游资源进行了评价，得出结论如下：98 个酒文化实体旅游资源中，有"优良级旅游资源"27 个（一般而言，三级以上旅游资源被通称为"优良级旅游资源"），分别为：五级资源单体 1 个，为贵州茅台酒；四级资源单体 9 个，分别为习酒、董酒、珍酒、茅台古镇、中国酒文化城、天下第一瓶——茅台酒瓶、国酒门、周恩来酒文化纪念馆、遵义习水宋窖博物馆；三级资源单体 18 个，如酒仙洞、美酒洞等。此外，市内还有二级资源单体 38 个，一级资源单体 32 个以及未获等级旅游资源 6 个。具体见表 4–3。

表4-3　遵义优良级酒文化实体旅游资源

序号	等级	资源点名称	类型	经度	纬度
1	五级	贵州茅台酒	GAA	106° 22′15″	27° 50′44″
2	四级	中国酒文化城	EAF	106° 22′02″	27° 51′12″
3		茅台古镇	EAF	106° 21′17″	27° 51′43″
4		天下第一瓶——茅台酒瓶	EAF	106° 22′05″	27° 46′55″
5		国酒门	EAF	106° 22′01″	27° 46′57″
6		遵义习水宋窖博物馆	EAI	106° 19′37″	27° 47′35″
7		珍酒	GAA	106° 55′22″	27° 44′28″
8		习酒	GAA	106° 9′51″	28° 9′37″
9		董酒	GAA	106° 55′16″	27° 45′54″
10		周恩来酒文化纪念馆	EAI	105° 59′56″	28° 16′39″
11	三级	酒仙洞	ACD	106° 19′29″	27° 46′25″
12		美酒洞	ACD	106° 22′22″	27° 48′20″
13		酒中酒老厂	EAD	106° 25′17″	27° 49′42″
14		301厂	EAD	106° 20′57″	28° 01′04″
15		茅台酒之源（一车间）	EAD	106° 22′24″	27° 51′33″
16		茅台酒酿酒工业遗产群二片区踩曲房、发酵仓	EAD	106° 21′55″	27° 51′13″
17		茅台酒酿酒工业遗产群制曲二片区踩曲房、发酵仓	EAD	106° 21′55″	27° 51′11″
18		茅台酒厂房	EAD	106° 21′33″	27° 50′40″
19		茅台酒酿酒工业遗产群第八栋酒库	EAD	106° 21′59″	27° 51′17″
20		茅台酒酿酒工业遗产群——下酒库第五栋酒庄	EAD	106° 22′21″	27° 51′20″
21		茅台301老厂	EAD	106° 24′38″	27° 48′22″
22		习水习酒厂	EAD	106° 9′51″	28° 9′37″
23		酱酒文化纪念馆	EAI	106° 21′23″	27° 56′21″
24		茅台镇酱酒文化纪念馆	EAI	106° 21′21″	27° 56′20″
25		黔酒文化馆	EAI	106° 18′44″	27° 43′29″
26		钓鱼台国宾酒	GAA	106° 22′11″	27° 54′17″
27		鸭溪窖	GAA	106° 40′58″	27° 34′58″
28		湄窖	GAA	107° 26′49″	27° 44′36″

二、遵义酒文化旅游景点景区

依托高质量的资源，遵义市酒文化相关的旅游景点、景区丰富。现有茅台酒酿酒工业群遗址、仁怀市中国酒文化城、茅台古镇旅游区、遵义习水宋窖博物馆、仁怀市中国酒都酱酒文化纪念馆等 5 处重点旅游资源综合体，具体见表 4-4。

表 4-4　遵义市酒文化重点旅游资源综合体情况

序号	名称	类型	地点	管理单位
1	茅台酒酿酒工业遗产群	国家级文物保护单位	遵义·仁怀	贵州省文化和旅游局
2	仁怀市中国酒文化城	国家 4A 级旅游景区	遵义·仁怀	贵州茅台集团有限责任公司
3	茅台古镇旅游区	国家 4A 级旅游景区	遵义·仁怀	仁怀市茅台镇文化旅游开发建设投资有限公司
4	仁怀市中国酒都酱酒文化纪念馆	国家 3A 级旅游景区	遵义·仁怀	贵州省酒中酒集团
5	遵义习水宋窖博物馆	国家 3A 级旅游景区	遵义·习水	宋窖博物馆

1. 茅台酒酿酒工业遗产群

茅台酒酿酒工业遗产群地处遵义市仁怀市茅台镇的国酒社区，为第七批全国重点文物保护单位之一。

茅台酒酿酒工业遗产群最早建于明朝，到清朝同治、光绪以及民国期间又陆续兴建成义酒坊、荣和酒坊以及衡昌酒坊，1951年，政府对上述所有酒坊实行统一接管。整个工业遗产群占地 20余亩，内设踩曲房、粮仓、曲药房、石磨房、酒库、窖池、烤酒房、古井等酿酒场所和设施，整个酿酒工业体系十分完善。其中，不可移动文物点主要包括"成义烧房"烤酒房旧址、"荣和烧房"干曲仓旧址、"荣和烧房"踩曲房旧址、"荣和烧房"烤酒房旧址、"恒兴烧房"烤酒房旧址、制曲一片区发酵仓、制曲二片区踩曲房及发酵仓、制曲一片区石磨房及干曲仓、下酒库第五栋酒库、下酒库第八栋酒库等共 10 处建筑。当中的部分设施和场所如今仍旧发挥着十分重要的作用，整体保存完好。

茅台酒酿酒工业遗产群可以说是一个时代的缩影，它见证了清朝以来我国民族工业发展壮大、创造辉煌的光辉历程。与此同时，它更是记录国酒茅台从不见经传到誉满全球、从手工作坊到工业化生产的实物载体，是我国白酒工业时代变迁的历史印记。

　　（1）"成义"烧坊烤酒房旧址

　　"成义"烧坊最早建于 19 世纪 60 年代初期，目前遗留下来的旧址为原来的"成义"烧酒坊生产房。1985 年，茅台酒厂对原酒房进行改造，形成制酒一车间生产房。整个生产房占地约 450 平方米，主体建筑为砖石结构抬梁式小青瓦顶仿古建筑，大门上刻有"茅酒之源"四个大字，至今保存完好。生产房的窖池在原烧房窖池的基础上扩建而成，其后面还保留有原烧坊酿制茅台酒时取水的水井——杨柳湾水井。

图 4-13　"成义"烧坊烤酒房旧址

（图片来源：茅台酒集团 1949 纪念系列《酒业活化石，一睹茅台酒酿酒工业遗产群的辉煌历程 》）

图 4-14　"成义"烧坊烤酒房旧址外墙

（图片来源：茅台酒集团 1949 纪念系列《酒业活化石，一睹茅台酒酿酒工业遗产群的辉煌历程 》）

（2）"荣和"烧坊干曲仓旧址

"荣和"烧坊始建于清朝光绪年间，一直保存至今。整个干曲仓旧址占地面积约 200 平方米，系全木结构的仓储式建筑、台梁式小青瓦顶，为旧时酿酒过程中专用于存放酒曲的场地。"荣和"烧坊干曲仓是整个茅台酒厂现存历史最为悠久的生产厂房，是茅台就业的"活化石"。1935 年，红军长征途径遵义时，还曾在该旧址驻留。

（3）"荣和"烧坊踩曲房旧址

"荣和"烧坊踩曲房为原烧坊专门用于制作酒曲的场所。1954 年，茅台酒厂在其基础上进行改造，形成茅台酒厂制酒一片区踩曲房。整个踩曲房占地面积约 150 平方米，整体为砖木结构、抬梁式小青瓦顶。

（4）"荣和"烧坊烤酒房旧址

与踩曲房旧址一样，"荣和"烧坊烤酒房旧址在 1954 年也由茅台酒厂实施改造，形成了后来的茅台酒厂制酒一车间烤酒房。烤酒房总体面积较小，约 30 平方米，整体保存完好；其建筑同样系砖木结构、抬梁式小青瓦顶，但房内保存有大量原始酿酒用工具，它们是对茅台酒酿制工艺最好的诠释。

图 4-15 "荣和"烧坊干曲仓旧址
（图片来源：茅台酒集团 1949 纪念系列《酒业活化石，一睹茅台酒酿酒工业遗产群的辉煌历程 》）

图 4-16 "荣和"烧坊踩曲房旧址
（图片来源：茅台酒集团 1949 纪念系列《酒业化石，一睹茅台酒酿酒工业遗产群的辉煌历程 》）

图 4-17 "荣和"烧坊烤酒房旧址

（图片来源：茅台酒集团 1949 纪念系列《酒业活化石，一睹茅台酒酿酒工业遗产群的辉煌历程 》）

（5）"衡昌"烧坊烤酒房旧址

"衡昌"烧坊烤酒房最早建于 20 世纪 20 年代末，1941 年更名为"恒兴"烧坊，1985 年，茅台酒厂又对其实行改建，形成茅台酒厂制酒一车间 2 号生产房。整个生产房占地约 400 平方米，其建筑主体为砖石结构、抬梁式小青瓦顶，大门上刻有"茅酒古窖"四个大字。生产房现保存依旧完好，房内留存有大量旧时酿酒的生产工具，部分仍用于现今的生产活动中。

（6）制曲一片区和二片区踩曲房、发酵仓

20 世纪 50 年代，茅台酒厂为提高自身生产能力，兴建了专用于发酵、制曲的制曲一片区发酵仓。整个发酵仓占地约 1000 平方米，为砖木结构、小青瓦顶，是茅台酒厂现存最早的发酵仓，内部存放着大量制曲发酵用的生产工具。制曲二片区踩曲房、发酵仓为茅台酒厂在 20 世纪 70 年代兴建的第二批厂房之一，是其专门的踩曲场所。整个厂房占

图 4-18 "衡昌"烧坊烤酒房旧址

（图片来源：茅台酒集团 1949 纪念系列《酒业活化石，一睹茅台酒酿酒工业遗产群的辉煌历程 》）

地 850 平方米，建筑结构与一片区相同，为砖木结构、小青瓦顶，是茅台酒厂现今仍在使用的历史最为悠久的踩曲房。

2. 仁怀市中国酒文化城

中国酒文化城地处仁怀市茅台镇茅园路，紧邻茅台镇镇政府，是茅台集团投资近亿元兴建于 1997 年 12 月的国内最大的酒文化展馆，系统地展示了我国白酒生产的历史沿革和制作工艺以及酒在社会发展当中承担的各种功能，全面地呈现了中国博大精深的酒文化及源远流长的国酒文化的历史变迁。中国酒文化城现为国家 4A 级景区，还曾获"上海大世界吉尼斯之最"的荣誉称号。

中国酒文化城占地面积约 3000 平方米，建筑面积达 8000 平方米。馆内现设有汉、唐、宋、元、明、清及现代 7 个展馆，每个展馆在外观设计方面均参照各个时代的典型特征进行，集汉代的古朴巍峨、唐朝的雍容华贵、宋代的精致古典、元代的粗犷明快、明朝的精巧别致、清代的华丽庄重以及现代的明晰流畅等多重特征于一体。整个文化城收藏相关文物共 5000 多件，它们以牌匾、书画、雕刻等不同形态，从不同角度对中国酒业发展的历史沿革以及与酒相关的政治、经济、文化、民俗等，展示了白酒生产的历史沿革和制作工艺以及酒在社会发展当中承担的各种功能等。

图 4-19　制曲片区发酵仓

（图片来源：茅台酒集团 1949 纪念系列《酒业活化石，一睹茅台酒酿酒工业遗产群的辉煌历程 》）

图 4-20 中国酒文化城
（图片来源：习水县人民政府网）

3.茅台古镇旅游区

（1）基本概况

茅台古镇位于遵义市西北部仁怀市境内，以古盐文化、酒文化以及长征文化著称。茅台是川黔水陆交通的咽喉要地，自古以来，茅台古镇就是黔北重要的交通口岸，贵州全省近65%的食盐从该地运往其他地区，有"川盐走贵州，秦商聚茅台"之说。与大娄山脉绝大多数地区的高海拔不同，茅台古镇坐落于赤水河畔的河谷地带，地势低凹，平均海拔仅400多米。这种特殊的地理位置一方面使得当地微量元素十分丰富，它们经过层层渗透和过滤，以泉水的形式大量参与到茅台酒的酿制当中；与此同时，河谷地带气温高、降雨少、风速低等特征又加速了微生物的栖息和繁殖，共同构成了茅台古镇得天独厚的酿酒环境，造就了茅台古镇"酱酒圣地"的地位，坐拥"中国第一酒镇""世界酱香型白酒主产区""中国酒都核心区"等多项荣誉称号。此外，茅台古镇还是重要的红色旅游景区，是 1935 年红军长征过程四渡赤水的重要渡口之一，现建有四渡赤水纪念园等红色旅游景区。

图 4-21 茅台古镇

（图片来源：另有用图《茅台古镇，被酒香淹没的美丽小镇》）

（2）旅游概况

茅台古镇的旅游发展主要依托酒文化进行，通过对全国酒文化发展脉络进行梳理，进而将其与当地酒文化进行融合，构建古镇从酒文化到酒产业，且同时兼具酒文化和产业相关的业态、景观、环境以及消费等多重内容的酒文化旅游产业链，形成"茅台酒镇"的文化旅游品牌。目前，全镇总体旅游发展的空间格局为"一带七区"[8]，具体如下：

"一带"具体指赤水河酒文化生态景观带。以盛产白酒的"美酒河"——赤水河为依托，通过结合环境整治、景观建设等多项工程将其打造为兼具自然景观和人文特色的景观带。

"七区"分别是入口综合服务区、茅台酒文化观光体验区、酒文化商业体验区、酒文化深度体验休闲度假区、茅台民俗酒庄度假区、茅台生态文化休闲区、生态协调景观融合区。

入口综合服务区：结合古镇交通提质改造工程，在古镇入口处打造集形象展示、咨询接待等多功能于一体的综合服务区。

茅台酒文化观光体验区：以茅台现有酒厂为依托，通过适当增加酒文化旅游观光体验项目，提升其参与性和互动性，发展工业旅游。

酒文化商业体验区：以古镇原有的6条商业街为基础，按照酒文化展示、酒文化体验、酒产品交易等不同主题进行开发建设，丰富全镇商业业态。

酒文化深度体验休闲度假区：以全镇最佳观景点——西山版块为依托，通过适当引入高端度假设施、文化体验项目，同时依托当地珍贵的绿地空间，开辟山地休闲公园，打造集休闲、度假和体验于一体的深度体验休闲度假区域。

茅台民俗酒庄度假区：以民宿发展为契机，对古镇现有小酒厂、民房、民俗等相关资源进行整合，将地方酒文化、民宿文化和旅游当中的吃、住、游、娱等要素充分结合起来，构建茅台古镇特有的民俗酒庄。

图 4-22 茅台镇国酒门

（图片来源：茅台集团宣传部）

茅台生态文化休闲区和生态协调景观融合区：茅台镇区建筑密集，缺少绿地"气孔"，规划分别在赤水河畔以及茅台酒厂与居民居住区分界线处增建生态文化休闲区和景观融合区各一处，主要发挥城镇休闲公园的功能，建设内容以拓展城镇绿地、配套休闲服务设施等为主。

4.仁怀市中国酒都酱酒文化纪念馆

仁怀市中国酒都酱酒文化纪念馆位于遵义市仁怀市茅台镇后山，为国家3A级景区，集酒文化展示、旅游接待等多功能于一体。纪念馆规划面积1350平方米，系结合地方特有的酿酒历史量身打造而成。整个纪念馆采用实木进行装饰，充分凸显了当地厚重的酱酒文化和浓郁的地方特色。纪念馆分为"酒文化陈列馆"和"人物馆"两大片区：其中，"酒文化陈列馆"在纪念馆的一楼和二楼均有分布，建筑面积约800平方米；"人物馆"相对略小，建筑面积约550平方米。

陈列馆中展示内容主要以二合镇的酒中酒集团相关史料为主，分别建有曹氏酒馆、文物陈列馆、曹氏烧房遗址、紫杉园、祭水台以及酱酒品鉴馆等景点。其中，曹氏酒馆内有曹氏宗祠、明代的黄花梨家具、清代的金丝楠木家具、清康熙年间的匾额等；

图 4-23 茅台酒镇

（图片来源：荣梦岩《探秘国酒之乡茅台镇》）

图 4-24 茅台古镇夜景

（图片来源：亮点 liangpoint

《向黔进，发现黔之美——茅台古镇》）

曹氏烧房遗址有土古窖池 6 个，古窖池为细沙石板扣成，做工精细，表面刻有简易花纹，呈一字排列；因紫杉生长环境的特定性，紫杉园外仅有一棵紫杉存活；园内有一古朴餐厅，复古气息浓烈。在曹氏酒馆的左侧还建有八面三层楼阁望江亭，可供游客俯瞰赤水河大好风光。此外，陈列馆当中还收藏有各个朝代相关珍贵文物 1000 多件（包括相关器物、书画等）、当代茅台河谷酱香酒成果展示相关资料以及酒中酒集团发展壮大成就展示相关资料等，从不同角度和不同层面揭示了中国酱酒文化的发展脉络，让游客能更好地了解酱酒的发展历程、研究中国的酱酒文化。

图 4-25　中国酒都酱酒文化纪念馆
（图片来源：自拍）

5. 遵义习水宋窖博物馆

遵义习水宋窖博物馆地处遵义市习水县土城镇，系宋窖酒业投资建设的非国有公益性博物馆，现为国家 3A 级旅游景区，是贵州省科普示范基地、遵义市科普教育示范基地。

图 4-26　中国酒都酱酒文化纪念馆内景
（图片来源：自拍）

整个博物馆占地面积 36 亩，集旅游、酒业生产、文化展示等多功能于一体。秉承保护、传承和弘扬赤水河流域的历史文化、酒文化、农耕文化和航运文化的初衷，博物馆现开辟有文化广场、博物馆主馆、室外文化陈列、中国酱香白酒活化石遗址馆、宋窖书画艺术馆、赤水河大型摄影展、宋窖国际艺术馆、迎宾楼及作家书屋等多个陈列和展示空间，并全年免费开放。

宋窖博物馆主要有四大看点：

（1）追溯古鳛国习姓先民以及千年土城的悠久历史

土城以及赤水河流域集中分布在宋窖博物馆主馆的第一展厅，分为内馆和外馆。其中，内馆陈列物品以相关文物和图片为主，呈现了"鳛鱼、鳛人、鳛国、鳛部、习水"的演变历程以及千年土城的历史变迁；外馆展陈则以古代赤水河流域常用胜场工具为主，包括石磨 104 台、风簸 55 台、船 35 艘、树化石 4 块，千年乌木 2 株以及农耕文物 100 多件，集中展示了赤水河流域的历史文化和农耕文化。

（2）感受中国酱香白酒活化石"千年宋代酿酒老窖池遗址"

酒文化展示方面，宋窖博物馆除在其主馆收藏了赤水河沿线13 个县市的 3000 多瓶老酒名酒外，还保存有整个赤水河流域现存历史最为悠久、保存最为完好的酿酒车间。该生产车间至今仍在使用当中，传统的酿酒工艺（"风曲法酒"）以及部分原始的生产

图 4-27 宋窖博物馆

（图片来源：自拍）

图 4-28　宋窖博物馆第一展厅

（图片来源：自拍）

工具在此依旧可见，现已发展成为集观赏、体验、品尝等功能于一体的工业旅游点。

图 4-29 千年宋代酿酒老窖池遗址

（图片来源：自拍）

（3）全国首创酒瓶油画国画书法文创产品

宋窖博物馆的宋窖国际艺术馆中，至今陈列有 600 多幅酒瓶油画文创产品，它们由来自欧洲等地区的 40 多位国外艺术家在宋窖不同规格的酒瓶上创作完成。随后，博物馆还邀请了国内 30 多

图4-30　宋窖博物馆广场瓶上画
（图片来源：自拍）

位著名画家进行创作，并采用各项工艺将国画与酒文化进行无缝融合，形成近600幅作品，并公开陈列展示。这些作品开拓了全国酒瓶作画的创举，赋予了酒文化更为丰富的文化内涵；与此同时，通过中西文化的相互交融和推陈出新，更完成了中国酒文化走向世界的一次升华。

（4）欣赏中外大家的艺术作品

在宋窖博物馆的书画艺术馆中，收藏有国家领导人、老红军、老领导以及各界名人的书画作品。不仅如此，宋窖博物馆还

图4-31　宋窖博物馆书画展
（图片来源：自拍）

是中国作家协会挂牌的创作基地，其内设的作家书屋中至今保存有魏巍、叶辛、罗开富、何建明等著名作家的作品手稿及奖杯、证书以及上千册赤水河沿岸作家书籍。

三、酒文化旅游商品简介

遵义市目前酒文化旅游商品以包装白酒为主，酒文化旅游商品资源极其丰富，且特色鲜明、层次合理。目前全市较为知名的白酒品牌包括茅台、习酒、珍酒、董酒、湄窖酒以及鸭溪窖酒等，共涉及 25 个系列、100 种具体商品。

1. 茅台酒系列

茅台酒分为陈年茅台、普通茅台、低度茅台以及其他酱香酒四个系列，目前市面流通的主要有 21 种具体商品（不同规格未纳入统计范围，下同）。其中。陈年茅台为茅台系列品种的极品酒，通常在市面上较难见到，且交易价格极高，主要满足消费者的高端收藏需求；普通茅台酒为当下茅台系列流通最广的产品系列，特别是其中的飞天茅台酒，为茅台系列的主打产品；低度茅台主要为丰富茅台酒产品体系而开发，以迎合消费者多样化需求，是京津冀、江浙沪等地消费者较为青睐的商品类型；此外，包括茅台王子酒、茅台迎宾酒等在内的其他酱香酒价位相对较低，主要满足市场上中低档消费者的需求。

2. 习酒系列

习酒目前有窖藏、金钻、老习酒以及浓香四个系列，共涉及 24 种具体商品。其中，窖藏系列为习酒当中的高端产品，主要满足消费者收藏以及高端饮用需求；金钻系列为其中的中端酱香产品代表，以金钻习酒最为典型，是习酒中的主打产品；老习酒系列产品价格相对较低，为其中的低端产品，主要满足普通中低端消费者需求；浓香系列为习酒集团品牌方向调整的产物，总体价位较低。

3. 珍酒系列

珍酒目前分为珍酒、大元帅以及历史酒三个系列，共涉及 12 个具体商品类型。大元帅系列和历史酒系列为其中的中高端品牌，具有酱香突出、酒体醇厚以及回味悠长等特点，有"酒中珍品""酒中佳酿"的美誉，其中 15 年陈酿是当中的核心产品和拳头产品，是中高收入人群饮用以及中小企业民营老板接待的常用酒品；珍酒系列相对价格更为亲民，是其中的中低端产品，主要满足普通爱酒人士的市场需求。

4. 董酒系列

董酒目前在市场上流通的产品主要有年份系列、国密系列、经典系列、贵董酒系列、普通董酒系列、典藏系列六个系列、共 18 种具体商品。其中年份系列为董酒中的高端品牌，价位较高，目前市面上交易的以 1997 窖藏和 1987 窖藏为主；国密是董酒的主打产品，是董酒凭着其国家秘密的招牌推出的重磅产品，酒质很好，价格大多较高，也有少部分国密产品开始走低价路线；贵董酒仅在贵州省内销售，价格较低但品质仍有保障，为其中性价比较高的产品之一，是贵州本土消费者偏爱的系列产品。

5. 湄窖系列

湄窖系列产品种类繁多，涉及百年湄窖系列、贵州湄窖系列、菩提子系列、88 莱比锡系列、金牌 1988 系列、定制系列等六大系列共 25 种具体商品类型。湄窖系列产品总体价格较为亲民，除定制产品外，价位较高的为 88 莱比锡系列，为其中的高端浓香产品；其次为百年湄窖系列，属湄窖中的中端浓香产品；菩提子系列为其中最具特色的产品，属茶香系列，也是湄窖酒业未来重点开发的核心产品之一。

表 4-5 遵义代表性酒文化旅游商品

商品品牌	商品系列	具体商品
茅台	陈年茅台	汉帝茅台酒、80 年茅台酒、50 年茅台酒、30 年茅台酒、15 年茅台酒、陈年茅台纪念酒等
	普通茅台酒	飞天茅台酒、五星茅台酒、礼盒茅台酒、茅台纪念酒等
	低度茅台酒	贵州茅台酒（43 度）等
	其他酱香酒	汉酱酒、仁酒、华茅酒、王茅酒、赖茅酒、贵州大曲、茅台王子酒、茅台迎宾酒、财富酒、国博酒等
习酒	窖藏系列	窖藏 10 年、窖藏 15 年、窖藏 30 年、窖藏 1988、窖藏君品 88、典藏珍品、纪元小坛等
	金钻系列	金钻习酒、金典习酒、金质习酒、银质习酒、金品习酒等
	老习酒系列	老习酒、蓝习酒、红习酒、红习酱、方品习酒、小习酒、精品习酱、珍品习酱等
	浓香系列	习水大曲、醇雅小习水、习水、三星习酒等
珍酒	珍酒系列	传奇珍酒、珍酒八年陈酿、珍酒、珍品珍酒、珍壹号等
	大元帅酒	金帅酒、红帅酒、蓝帅酒等
	历史酒	茅艺酒、15 年陈酿、10 年陈酿、5 年陈酿等
董酒	年份系列	1977 年 59 度窖藏国密董酒、1987 年 59 度窖藏国密董酒、1997 年 59 度窖藏国密董酒等
	国密系列	54 度国密董酒、46 度国密董酒、38 度国密董酒、国密董酒礼盒装等
	经典系列	54 度经典董酒、46 度经典董酒、41 度经典董酒、38 度经典董酒等
	贵董酒系列	54 度贵董酒、46 度贵董酒、38 度贵董酒等
	普通董酒系列	普通董酒 54 度、普通董酒 46 度等
	典藏系列	藏品 - 典藏董酒、珍品 - 典藏董酒等
湄窖	百年湄窖系列	春阳岗黑铁匠酒、春阳岗红铁匠酒、春阳岗方铁匠酒、春阳岗小铁匠酒等
	贵州湄窖系列	小美湄、荣耀、青花瓷、红花瓷、光瓶 1952、锥套、三星、二星、一星等
	菩提子系列	贵州菩提子酒 42 度、贵州菩提子酒 45 度、贵州叶酿酒等
	88 莱比锡系列	生态 6 号、生态 3 号等
	金牌 1988 系列	金六、金三、铁盒、五星、三星等
	定制系列	百年湄窖 60 周年纪念酒、铁匠 60 周年纪念酒等

参考文献

1. 万彩霞 . 遵义酒文化初探 [J]. 兰台世界 ,2016(23):149-150.

2. 曹丁 . 茅台酒的历史沿革——《茅台酒考》选载之二 [J]. 酿酒科技 ,1980(02):15-20.

3. GB/T 26760-2011, 酱香型白酒 [S].

4.GB/T 10781.1-1989, 浓香型白酒 [S].

5. 孙悟 . 董香地方标准颁布及经典董酒上市新闻酒会在遵义召开 [J]. 酿酒科技 ,2008(10):110.

6. 杨贵秋 . 浅析黔北仡佬族酒俗 [J]. 学理论 ,2013(14):175-176.

7. 马勇，李玺 . 旅游规划与开发（第四版）[M]. 北京：高等教育出版社，2017.

8. 仁怀市人民政府 .《茅台古镇旅游总体规划》[Z].2015.

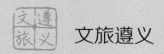

第 五 章
西部茶海：遵义茶文化旅游

贵州有七百万亩茶，其中就有两百万亩茶园在黔北地区，并且大多数茶园处于北纬 27°黄金茶产区。高海拔、低纬度、寡日照，造就了地球同纬度生物多样性最为丰富的绿色地带，这也铸就了黔北茶最大生态特色。遵义的湄潭、凤冈、正安、道真、务川、余庆、播州区、仁怀市、习水县和桐梓县都在大力发展茶产业。如今，喜爱自然生态旅游，实地欣赏茶园风光，到茶园学习茶知识，到茶艺馆感受茶文化，已开始成为遵义地区市民日常生活中兴起的新时尚。茶文化旅游受到人们的欢迎，得以迅速发展，"茶文化旅游是利用茶叶的美学价值、历史文化价值和保健食用价值等吸引旅游者进行休闲体验的一种新型旅游形式"。通过对遵义茶文化旅游资源的调查整理，可以完善旅游融合，推动茶旅产业互动发展。

第一节　遵义茶文化概况

一、遵义茶区介绍

湄潭

　　早在两汉时期的巴蜀地区就已经出现了茶叶贸易和饮茶的习俗，而湄潭也在明朝万历二十八年（1800年）建县。早在唐代，陆羽就对湄潭种植的茶叶有所记录并强调湄潭茶叶的品质极好；在 1948 年《贵州通志》上也有对湄潭茶叶的记载：贵州省大部分地方都种植茶叶，曾把湄潭的湄江茶作为贡品。然而当代著名茶学专家吴觉农则表示：世界所

湄潭茶海晨景（摄影者：倪东海）

有的茶树原生地中，湄潭就是其中一个。由此可见其种茶历史的悠久。湄潭属于亚热带湿润季风气候，年均温14.9℃，最冷月（一月）的均温高于3.8℃，最热月（七月）的均温仅有25.1℃，冬天不会太冷夏天不会太热，这样的气候条件有利于游客出行，从而带动旅游业的发展。同时这里年平均无霜期的天数超过了280天，日照时数长达1162小时，每年平均降雨量约1140毫米，正好满足了茶叶生长的物质条件。县内的湄江河，自北向南迂回曲折流经该县的7个区，16个乡，联系着中部广阔的低山丘陵坝地，山与水相连，土地肥沃。这些独特的气候条件，不仅可以满足茶叶的生长，更加有助于湄潭发展茶文化旅游。

此外，湄潭的文化底蕴耐人寻味，这里聚集了以绿茶为特色的茶文化、以道教和傩堂戏为特色的宗教文化、以湄潭文庙为标志的儒家文化、以湄窖酒为主体的酒文化以及黔北的长征文化、浙江大学的西迁文化、农耕文化以及遵义土司文化等极具地方特色的人文景观。

凤冈县

《诗经·大雅》云："凤凰鸣矣，于彼高冈。梧桐生矣，于彼朝阳。"凤冈于明万历二十九年（1601年）建县，位于贵州东北

凤冈"茶海之心"（摄影者：刘赟）

部，周边与思南、湄潭、务川等七县接壤。凤冈享有"中国富锌富硒有机茶之乡""中国名茶之乡"的美誉。凤冈境内有许多茶地名，不少山地、村寨都冠名"茶"字。全县茶的地名至少有 50 个以上，用"茶"字为名的寨子有 30 多个。如茶子园、茶蜡湾、米茶园、茶坎坡、茶芳坪、茶蜡坪、煎茶溪、茶树园、茶蜡树、茶堡湾等。从这些"茶"地名可看出，历史上凤冈种茶是很普遍的现象。此外，绥阳镇金鸡村民居上保留至今的木雕《骑马敬茶图》，《骑马敬茶图》是凤冈茶文化的最好展示。另外，凤冈油茶是凤冈县的特产之一，是凤冈人民三餐中必不可少的美味佳肴，是凤冈人民必喝的一种茶饮，有干劲汤之称。

正安

正安地处贵州遵义东北部，辖 20 个镇（乡、街道）。总人口 65.08 万。国土面积 2595 平方公里，耕地面积 110 万亩。最高海拔 1838 米，最低海拔 448 米。年平均气温 16.14℃。

正安文化源远流长，是千年古县。是东汉儒学大师、教育家、贵州文化鼻祖尹珍先生故里，巴蜀文化、荆楚文化与黔北古文化在这里渗透交融，尹珍精神薪火传承，积淀了丰厚的文化底蕴，文艺创作繁荣，被国家文化部命名为"中国小说之乡"。正安山川

正安县城（图片来源：正安县人民政府）

安水车坝（图片来源：正安县人民政府）

秀丽、景色迷人，境内有典型的喀斯特地貌，溶洞发达别致，山势藏奇掩雄，旅游资源富有特色。有百里桐花、千顷茶园、万亩草场、天楼云海等丰富的自然景观。九道水国家级森林公园有"天然氧吧"之称，是休闲避暑的首选；"桃花源记"为 AAAA 级景区，集幽深神秘的自然之美和"人间仙境"的人文之美于一体，是疗心养肺的绝佳去处。尹珍墓、务本堂等古迹彰显出正安文化的厚重，班竹上坝茶场是目前全国保存完好的知青部落，是遵义红色旅游的重要版块。正安素有"天然药库"之称，全县中药材种植面积达 22.5 万亩，共有中药材 1524 种。获评中国白茶之乡、中国野木瓜之乡、中国大鲵之乡、中国油桐之乡、中国特色竹乡和全国生态文明先进县。正安境内有成批野生乔木大树茶，原土坪区新洪乡中坪村（即马脑山）有一棵 200 多年的老茶树，当地称"老正安茶"，为清乾隆"贡茶"。

道真县

道真县是道真仡佬族苗族自治县的简称，是属于遵义市管辖的自治县，以汉代学者尹道真而得名。

道真民间文化底蕴深厚、古朴神秘，有世界最大的傩文化古城"中国城"。三幺台、高台舞、打鸡蛋、哭嫁歌分别被列为国家

道真县城（图片来源：道真人民政府门户网）

级、省级非物质文化遗产。道真境内常年雨量充沛，四季分明，气候宜人，冬无严寒，夏无酷暑，年平均气温16摄氏度。有3000多种名贵物种，其中濒临绝迹的银杉、红豆杉等珍稀植物550余种，森林覆盖率达58.66%，有"银杉之乡"之称。良好的自然生态和典型的喀斯特地貌，装点成秀美的自然风光，是"中国最佳生态环境宜居县"。

境内有大沙河依能文化旅游度假区、中华仡佬文化园、玉龙谷湿地公园、仡山茶海、美蓉江文化长廊等景区景点，是休闲避暑的旅游好去处。

务川县

唐代陆羽在《茶经》中记述：茶在"黔中生思州、播州、费州、夷州……往往得之，其味极佳。"务川就在思州之内，有着历史悠久的茶种植和茶文化传统。务川历史悠久，文化灿烂，素有"仡佬之源.丹砂古县"的美誉。县内有全国唯一且保存完好的中国历史文化名村龙潭民族文化村，有世界现存最古老的丹砂冶炼技术，有仡佬族祭天朝祖的天祖坳，有院子箐史前仡佬文化遗址，有省级文物保护单位瓮溪桥、汉墓群、申佑祠等历史人文景观，有独具特色的仡佬民情民俗等众多历史遗存。

务川九天母石（图片来源：务川百姓网）

务川土地广博，资源丰富。县内有全球最大的黑叶猴种群分布地麻阳河国家级自然保护区，有中国西南最大的喀斯特草原仡佬大草原。现有茶园十多万亩，主要分布在丰乐、茅天、黄都、涴水、分水、都濡等乡镇。

余庆

余庆县域面积 1622 平方公里，是典型的西部山区农业县。山川清秀，气候宜人，贵州第一大河——乌江自西向东横贯县境中部，年平均气温 16.7 摄氏度森林覆盖率 61.13%。

余庆是"中国小叶苦丁茶之乡"，获国家原产地域保护的小叶

余庆飞龙湖（图片来源：余庆县人民政府）

余庆茶女采摘小叶苦丁茶（图片来源：贵州农经网）

苦丁茶享有"绿色金子"的美誉。作为贵州省生态农业示范县，为贵州优质烤烟、商品粮油、生猪生产基地和果蔬、中药材重要产区。石材资源丰富，被纳入贵州省十大石材产业园规划。贵州省"西电东送"标志性工程，构皮滩水电站成为贵州重要能源基地。

　　余庆旅游资源独特，自然景观和人文景观交相辉映。主要有飞龙寨国家 4A 级景区、省级大乌江风景名胜区、红军强渡乌江回龙渡战斗遗址等。因电站建设而形成的贵州第一大人工湖——飞龙湖，湖区 34 座岛屿星罗棋布，147 平方公里的湖上呈现"湖连谷""湖中峡""峡湖相间"的奇特景观。

仁怀市

　　仁怀市位于贵州省西北部，赤水河中游，是黔北经济区与川南经济区的连接点，是国酒茅台源产地，面积 1788 平方公里，居住着汉、苗、布依、仡佬、彝、白等 9 个民族。属地少人多的山区内陆城市。全市平均海拔高度 880 米，年平均气温 16.3 摄氏度，年日照时数 1400 小时，无霜期 311 天，年降雨量 800—1000 毫米。森林覆盖率为 26.47%。茅台镇是中国综合实力百强镇之一，被誉为"世界酱

香型白酒主产区""中国第一酒镇""中国国酒之心"和"中国酒都核心区"。仁怀自古产茶,《遵义府志》也可以看到这样的记载:"仁怀产茶,清明后采叶,压实为饼,一饼厚五六寸,长五六尺,广三四尺,重者百斤,外织竹筐包之,其课本输纳,多贩至四川各县。"可见仁怀自古产茶,并且上了一定的规模。

习水县

习水县是贵州省遵义市下辖县,位于贵州北部,地处川黔渝接合部的枢纽地带,东连贵州桐梓县、重庆綦江区,西接贵州赤水市,南近贵州仁怀市、四川古蔺县,属大娄山系和长江流域,总面积3128平方公里。习水位于赤水河中上游,属大娄山系和长江流域,最高海拔1871.9米,主要分布在海拔850—1600米的低中山、中中山地区。森林资源覆盖率高,生态植被良好,县内光照条件优越,气候温和湿润,是茶叶生产适宜区,茶叶种植、饮用、生产历史悠久,野生茶叶资源丰富。据调查统计,有茶叶品种9类,分别为大树茶、老鹰茶、小白叶茶、苦丁茶、白茶、甜茶、楠木茶、钓勾茶和藤藤茶。目前,习水发现的古大树茶约23万棵。

习水县城（图片来源：习水县人民政府）

桐梓县城（图片来源：百度百科）

桐梓县

　　桐梓是历史文化名城遵义的市辖县，与习水、重庆相邻，是"黔北门户"。全县南北最长处 81 公里，东西最宽处 52 公里，总面积 3202 平方公里。桐梓属中亚热带高原季风湿润性气候区，四季不甚分明，水热同季，雨量充沛。凉爽的气候是桐梓县发展旅游的金字招牌之一，平均海拔 1000 米，属于中亚热带高原季风湿润气候区，水热同季，雨量充沛，干湿季节明显，年均气温 14.6℃。桐梓的夏季最高温不超过 30℃，夏无酷暑，冬无严寒。良好的气候条件使得桐梓可以常年开展乡村旅游，发展为观光、采风、休闲的理想地，多样的气候也让桐梓形成了多样化的农作物生产方式，为游客提供了多选择性的农产品和多样性农业观光资源等。

二、遵义茶叶品种介绍

遵义毛峰

　　遵义毛峰条索圆直，锋苗显露，色泽翠绿油润。产于遵义市湄潭县内，于每年清明前后 10—15 天采摘，经过杀青、揉捻、干燥三道工序制成。遵义毛峰茶具有色泽翠绿油润，嫩香持久，滋

遵义毛峰茶汤、干茶（图片来源：遵义遵茶）

味清醇爽口的特点。遵义毛峰茶质好，制作工艺独特。每年清明前后 10—15 天，茶树经过一冬天内含物质的积累，生机旺盛，芽叶细嫩，满被茸毛。内质嫩绿持久，汤色碧绿明净，滋味清醇鲜爽，叶底嫩绿鲜活。

遵义毛峰茶的品质特点，是由其优良的茶树品种和独特的炒制工艺形成的。所用的福鼎大白茶品种，芽叶色绿，白毫特多，水浸出物和氨基酸含量高。清明前后，茶芽生机正旺，芽叶细嫩，是采摘鲜叶原料的良好时期。鲜叶分特级、一级、二级三个等级，各级原料忌红、紫和白色芽叶。采下的鲜叶原料摊晾后经杀青、揉捻、干燥三个工艺流程，干燥又分科撒失水、搓条造形、提毫足于三个连续步骤。整个工艺流程全在锅中完成，突破了毛峰茶焙笼烘干的老框框，有利发挥香气和造形。

遵义红 [1]

遵义红茶外形条索紧细、匀齐、呈红褐色、金毫满披；甜香浓郁持久、略带花香；汤色红艳明亮；滋味浓郁醇厚；叶底红匀明亮。早在 17 世纪，遵义就有做红茶的历史。南明永历六年（1652 年）湖广巡抚胡钦华隐居湄潭客溪，将家居附近茶叶采摘加工成红茶等出售，被视为湄潭红茶传统制作技艺的雏形；清代至民国时期，湄潭随阳山、大庙场、土塘等古茶区民间就一直有制作红茶的传统。抗战期间，国立浙江大学迁入湄潭办学，农林部中央

① 百年名茶资料——遵义红茶.湄潭茶科所

遵义红的干茶、茶汤（拍摄者：刘赟）

农业试验所和中国茶叶公司在湄潭筹建中央实验茶厂。实验茶场研发的第一款茶就是红茶，当时称为"湄红"。红茶是当时中国重要的出口商品，茶叶贸易是赚取外汇的重要渠道。抗战时期，福建等传统红茶产区相继被切断，贵州成为新开辟的红茶产区，"湄红"通过史迪威公路和当时最险峻的驼峰航线换取枪支弹药等抗战物资支持抗战，主要出口苏联和东南亚地区。1952年，国营湄潭茶场开始研创"功夫红茶"，随后，该场的"黔红"牌红茶通过上海、广州的口岸畅销国外。21世纪初，在"湄红""黔红"的制茶工艺基础上，来到湄潭的福建制茶人用湄潭当地的茶树品种，经过有机拼配后，制出的红茶外形紧细圆直、油润、金毫显露，汤色红艳明亮，滋味鲜浓醇厚，叶底嫩匀。2008年湄潭茶业协会随即申请注册了"遵义红"茶商标。如同革命一样，"遵义红"茶的前世今生也带着"革命"的色彩，经过了"湄红"—"黔红"—"遵义红"一次又一次的变革，"遵义红"茶的内涵和外延得到了不断的提升、充实和完善。"遵义红"茶的崛起，不仅彰显了地域文化的特色，更是对中国抗战胜利的缅怀，其深蕴多重文化内涵。

湄潭翠芽

原名湄江茶，因产于湄江河畔而得名。创制于1943年，至今已有70多年历史，为贵州省的扁形名茶。湄潭翠芽外形扁平光滑，形似葵花籽，隐毫稀见，色泽绿翠，香气清芬悦鼻，栗香浓并伴有新鲜花香，滋味醇厚爽口，汤色黄绿明亮，叶底嫩绿匀整。湄潭翠芽是贵州省遵义市特产，中国国家地理标志产品[1]。抗战期间，国立浙江大学迁入湄潭办学，农林部中央农业试验所和中国茶叶公司在湄潭筹建实验茶厂，进行茶树栽培、育种、制茶、防病等研究，才有了绿茶、红茶等，尤其是浙大农学院将杭州龙井茶的制作工艺引入湄潭，试制出优质龙井茶，1943年，中央农业试验所以湄潭苔茶群体品种为原料，仿照龙井工艺试制而成；1954年，湄潭县将湄江河名与茶名融在一起正式定名湄潭翠芽。浙大化学系主任王琎曾在《试新茶》一诗里写下了"许分清品胜龙井"的诗句。可以说，浙大西迁，改变了贵州茶叶的发展方向。

湄潭翠芽干茶、茶汤（图片来源：湄潭人民政府）

正安白茶

正安白茶，正安白茶外形优美、完整匀齐，色泽黄绿相间、鲜香持久。其汤色明亮，高香馥郁、鲜爽醇厚、滋味鲜爽回甘，叶底嫩匀，明亮有光泽。如玉之在璞，融天地精华，纯净之美，白璧无瑕，尽展嫩、晶、亮之色，聚香、涩、甘之味。正安白茶是贵州省正安县特产，中国国家地理标志产品。 正安白茶是贵州的名茶，素有"绿茶瑰宝""茅台品质"之美誉。正安白茶属于绿茶，全年只有一个月左右的采摘期。正安白茶与正安浓厚悠久的茶文化历史有着密切关系。古代贵州的开发，是从周边往黔中腹心延伸的，巴蜀文化从北向南流入，正安正是川之南、黔之北的一个通道，生于牂牁毋敛县（今贵州正安新洲镇）的东汉儒学大师、教育家、贵州文化鼻祖尹珍，不但传播了中原文化，也是把中原文化与贵州本土文化及其民族茶饮文化和谐地揉融在一起的先驱者。

正安白茶干茶、茶芽（图片来源：正安人民政府）

凤冈锌硒茶

凤冈锌硒茶，是贵州省我国仅有的富锌硒地带——贵州省凤冈县。凤冈县特产。采用生态建园模式，形成了林中有茶、茶中有树、林茶相间的特色茶园。其茶叶品质高端，特色奇绝，外形匀整紧索，色泽灰绿油润，栗香高长沁脾，滋味鲜爽润喉，汤色黄绿锃亮，叶底嫩绿耐泡。凤冈锌硒茶种植的土壤中富含17种氨基酸和锌、硒等多种微量元素。种植的茶树，其茶叶浸泡所析出的锌硒元素易于人体吸收。凤冈锌硒茶是贵州省凤冈县特产，中国国家地理标志产品[1]。

① 凤冈富锌富硒茶. 国家知识产权局

凤冈锌硒茶茶汤、干茶（图片来源：百度百科）

余庆小叶苦丁茶

余庆小叶苦丁茶属多年生常绿植物，系采摘木樨科粗壮女贞的幼嫩芽叶经加工而成，与广西、广东、海南等地生产的"大叶苦丁茶"是完全不同的植物，属不含咖啡碱的代用茶饮品，它生长在贵州境内乌江河流域喀斯特地貌中，该地的无污染环境为小叶苦丁茶提供了得天独厚的生长环境，使得余庆县生产的小叶苦丁茶品质优良。余庆小叶苦丁茶，茶药两用，苦中带甜，解渴爽口，能降血压、降血脂、抗衰老、清热解毒、健胃消积、利尿减肥。小叶苦丁茶生长在乌江沿岸及苗岭山区，是贵州特有的一种珍稀植物。它产品细紧，色泽绿润，香气清纯，汤色绿亮，滋味鲜爽甘甜，叶底翠绿鲜活，具有干茶绿、汤色绿、叶底 绿的"三绿"特征。 余庆小叶苦丁茶还含有硒、锌、镁、茶多酚等多种物质，黄酮类含量为 1.17%，咖啡碱含量为 0.087%。在其挥发油中，发现 70 多种有益人体健康的化合物，有防癌抑癌及调节人体生理机能的作用。

余庆小叶苦丁茶茶汤、干茶（图片来源：遵义尊茶）

道真绿茶

道真绿茶，贵州省道真仡佬族苗族自治县特产，中国国家地理标志产品[①]。道真绿茶香气好、内含物质丰富、氨基酸含量高、含有硒锶等人体必需微量元素，产品汤色碧绿，叶底翠绿，多次冲泡风味犹存[②]。

经中科院地化所、贵州省茶科所、武汉大学测试中心等科研单位的考察，取样化验确认道真为国内罕有的富硒（Se）、锶（Sr）地带，所产茶叶硒、锶两种微量元素的含量居国内之冠，每克茶叶中含硒 1.5—4.0ppm、锶 7.0ppm。常饮可预防心血管病、糖尿病及抗御癌细胞病变，有延缓人体衰老，增强视力，消除人体内铝、汞等有毒金属的作用[③]。

习水红茶

习水红茶，贵州省遵义市习水县特产，中国国家地理标志产品。习水红茶外形细紧、微卷、有锋苗，色泽乌黑油润；汤色红亮；香气浓郁，带花果香或花蜜香；滋味醇厚回甘耐泡；叶底红匀、明亮、完整。

① 道真绿茶. 国家知识产权局
② 黔茶进京记：道真县 神秘仡佬·硒锶茶香. 多彩贵州网
③ 道真绿茶. 中华人民共和国商务部

三、遵义茶的茶俗茶礼、诗词歌谣

茶俗茶礼 ④

① 正安茶话．中国文史出版社

早在汉晋时期，我国不少地区就已经形成饮茶礼俗，以后历代相沿，尽管饮茶方法有繁有简，但各族人民家家户户无不以茶待客，表示敬意和礼仪。文明敬茶、礼貌品茶是人际交往中的基本礼仪。婚嫁茶礼在民间婚嫁中极为繁缛。如唐代茶人封演说："通常订婚，以茶为礼。故称乾宅致送坤宅之聘金曰茶金，亦称茶礼，又曰代花。女家受聘曰受茶。"宋人《品茶录》说："种茶必下之，若移植则不复生了。故俗聘妇，必以茶为礼，义故有取。"其实这是一种封建观念下的解释。古老的茶礼原本来自原始古老的茶崇拜，后来慢慢失去了原来天真烂漫的古朴之义。

遵义民间婚事以茶为礼沿袭至今。吃茶表示求婚，见到女子可不能乱说"吃茶"。旧时遵义不少地方未婚少女是不能随便到人家去喝茶的，因为一喝就意味着同意做这家的媳妇了，故有"好女不吃两家茶"的说法。在正安农村，姑娘谈没有谈过婆家，有没有接受男方聘礼叫"吃没有吃茶"。媒婆要撮合某门亲事，首先要问的是"姑娘吃茶没有？"如果姑娘没有谈婆家，而且同意媒婆谈此门亲事，那便会收下由男方家提供给媒婆带去的礼物，接着男方家就得去"茶"。

男方家去茶，一般要经历"问茶"——"放信茶"——"三道茶"——"催庚茶"——"茶礼"等。"问茶"。即人带去礼物探女方是否愿意。"放信茶"。即女方到男方家探试其家底情况，农村称为"看人"。后由媒人带上男方家礼品到女方家（亦有由媒人提前送去）表示正式求婚。接下来便是三封"书纸"，也叫"三道茶"。第一道茶叫《头书》，第二道茶是《允书》，第三道茶是《庚书》。

《头书》即第一道正规"书纸"，男方多以茶、糖、布为礼，是在姑娘"看人"同意后由男方家委托媒婆交到女方家。同时，男方家还要用红纸折成信封，并在信笺上写上"承蒙不弃，冒昧高攀。薄礼奉上，敬乞海涵"之类的谦词。

《允书》即女方家接受了男方家的礼物后，表示这门亲事可以继续，男方家去第二封"书纸"。此次，男方家依旧以茶、糖、布为礼。仍然用红纸折成信封，信笺上写上"投递允书，鹊桥银河。薄礼奉上，敬乞允诺"之类的谦词。

《庚书》即第三道"书纸"（俗称"讨庚"），男方讨要女方的生辰八字。同样以茶、糖、布为礼，依旧用红纸折成信封，信笺上写上"讨取贵庚，佳偶天成。奉上薄礼，恭望月明"之类的祈盼词。信笺的后面还要写明男方的生辰八字，同时要求女方将生辰八字填上。

经过这几道程序以后，女方就会"发庚"，将女子的年庚生月告知对方，以便男方家择取吉日完婚。但女方家也不乏态度暧昧、忸怩作态之人，拖着不发庚，遇到这种情况时，便有了"催庚"。"催庚"依然要去茶。

姑娘出嫁，在看好年月（出嫁的时间）后，舅家或姑母家以及叔、伯的父母家都要提前一个月或半个月请待嫁姑娘到家住几天，以便避开家里紧忙的家务，集中精力专注"女红"。其间，还要将米炒黄后再加素叶和食用油做成米茶，再放入糯米汤圆，然后请表姐妹一起作吃陪，这种特定的礼节叫"吃茶"。于是姑娘定没有定婚，人们就问姑娘在哪里"吃茶"。

结婚时，女方要向男方派"茶"，外公外婆，爷爷叔伯等都在受"茶"之列。此时，男方就得按"茶"的礼单，准备"茶礼"。

结婚那天，押礼先生押着"茶礼"，拿着《请书》《报书》《礼书》《谢书》四封书纸前往女方完成男方交办的迎亲事务。拜堂成亲后，新娘要为公婆各奉一杯清茶，改口称"爸、妈"后双手奉上，公婆方给"红包"。进入洞房后，年纪较小的小叔、子侄，若要向新娘讨要"喜钱"，也要双手向新娘奉上热茶，才会得到"喜钱"。

2. 茶与祭祀

遵义一些地方百姓都有在年节时祭献祖先和各方神灵的习俗，"一茶二酒肉"是主要祭品，茶是第一位的。如正安土坪镇华尔山的苗族同胞在每年的农历四月、九月都要各举行一次"茶祭"，祭品是一碗泡有少量糯米饭的茶、5 条鱼、5 竹篮糯米饭、5 碗酒。不放筷子，因为苗族老祖宗吃饭就用手抓。在遵义一些地方，大凡都有"烧敬茶"的习惯，即大年三十以及正月初一、十五，人们除了要在神龛（即香火）前点香烛外，还要供奉"茶"，而且还有相当的礼仪及讲究。正安民间，还有众多的善男信女，一年 12 个月（闰年 13 个月），每逢每月的农历初一、十五都要供奉"敬茶"，并吃素、不沾肉类和动物油。

"礼莫重于丧祭"，人咽了气到下葬前后，民间祭奠活动五花八门，其中茶礼多。在盛产茶叶的遵义山区，不但祭奠以茶为供品，而且还要用三角形的白布套装上茶叶给死者做个枕头放在棺材里，据说是为了死者便于用茶。老人去世后，还要用阳雀未开口时的茶（清明前采摘加工的茶）放入嘴里后下葬，传说老人投生后可知道前世所做的事。从中可以看出人们对清明前生产的茶的崇拜。

道真油茶

"吃油茶"是在贵州北部地区民间早已存在的一种特别的生活习惯，直到今天，道真人还一直保持着"吃油茶"的习惯。之

所以叫"吃茶"，是因为当地的人们利用茶的方式与我国传统的饮茶方式有所不同。这里的茶主要是用来制作"油茶"。"油茶"是仡佬族人的独创，其做法是用茶作为主料，将干绿茶倒进锅里煮，大概煮半小时，等待茶叶完全熟透之后，再用木勺进行反复碾磨做成茶羹；接着将茶羹用猪油煎炒，待茶叶微黄后放入盐加水煮沸，便可盛入碗中。还可根据各种口味添放油渣、花生、鸡蛋等

辅料。既有提神醒脑，又有增强体力的功效，被当地人称为"干劲汤"。当地人还流传着这样的顺口溜："碗碗油茶香喷喷，男女老幼都能饮，不吃油茶没精神，吃了油茶有干劲。"可见，"油茶"对当地人的生活有着多么大的影响力。

俗话说："中国文化是吃饭吃出来的"。因此，"吃油茶"已成了道真特殊的文化，而且是必然存在的深层次的文化因素。道真的油茶文化创造出了它相应的价值，它支撑着当地人民的文化生态、催生了当地特有的"三幺台"食俗文化、催生了当地的歌舞文化"采茶灯""采茶舞"；还有"茶汤包""茶汤面"等饮食文化产品。所以，油茶文化带给旅游者的是具有当地特色的文化享受，这也是油茶文化带来的旅游价值。

务川"三幺台"

"三幺台"在仡佬族语言中意为结束，是一种包含了茶、酒、饭的宴席，是当地人民用来招待客人的隆重礼仪。

"三幺台"中的第一台就是茶席，茶席意为接风洗尘。在茶席中，主要是仡佬人独创的"油茶"，再搭配一些点心。茶的原料主要是当地特产的老鹰茶和苦丁茶，点心主要有核桃、花生、葵花籽还有具有当地特色的麻饼、苞谷团等；在第一台茶席当中，

（摄影者：田径）

一共会摆上九盘，让客人们一边饮茶，洗去劳累，一边畅谈。第二台是酒席，意为八仙醉酒。此台菜品全是干盘，也就是主要为凉菜和卤菜，方便客人下酒。按照当地的饮酒习惯，在酒席上，凡举杯者，一般都要喝上三杯，第一杯敬客，第二杯祝福，第三杯孝敬。酒足茶酣之后就是正席，亦成为饭席，意为四方团圆。在饭席中，上的都是大菜，包括蒸、炖、烩、汤等，一般上九盘，色香味俱全。在酒足饭饱之后，客主便会离席，"三幺台"也就此结束。

"三幺台"作为当地最具特色的饮食习俗，具有相当大的价值，在 2007 年 5 月 29 日，贵州省人民政府公布"三幺台"为第二批省级非物质文化遗产，其包含的特殊价值获得了省级政府主管部门的高度认可。"三幺台"作为饮食文化，其包含了当地人民的生活形态，对当地人民的生活有着直观地反映；并且"三幺台"具有历史文化价值、研究价值、教育价值、社会和谐价值等，最主要的它是非物质文化遗产。这种独特的饮食文化能够让旅游者大饱口福、激发旅游者的好奇心、推动乡村旅游的建设与发展。让各方游客争相到当地参加"三幺台"宴席，品尝独特的美食，拉动旅游经济收入的增长。

凤冈土家油茶 [1]

凤冈油茶汤有两种吃法，一种是平时劳动时喝，由于他们耕种的土地离家较远，一般早晨出门时喝一碗油茶汤，这碗油茶汤又扛饿又解渴，其做浓是先把茶叶放进锅里炒出焦香味，再把茶

① 何莲.凤冈土油茶.《贵州茶叶》.贵州省茶科所

叶碾碎，然后往锅里放进猪油略炒一下，按喝茶的稀稠溶水，再放入糯米，待精米煮熟后放盐就可饮用了。因为油茶可补充身体能量、盐分、维生素等的损耗，所以他们下田耕种时家家都做油茶汤。

凤冈高腔茶灯 [①]

凤冈县进化镇沙坝村，这个要在五十万分之一的贵州省地图上才能标出名字的小山村，至今都还流传着当地人称之为茶灯系列之一的"凤冈茶灯"。

茶灯，有着与傩戏一样厚重的传统文化积淀和内涵，除了有茶文化的内涵外，还有傩文化的纳吉和自娱、娱人的展示，据文化学者介绍，茶灯里面的"开财门""上香"等仪式，都与傩堂戏、阳戏里的祭祀仪式相同。作为一种传统民间艺术，沙坝村响水岩茶灯的表演以打击乐器为主，表演者最初是两人，一丑一旦，丑角又称唐二，旦角又称幺妹。"茶灯"中的角色有春官、开路先锋、十二采茶娘子、茶头大仙（茶头土地神）、唐二仙官（担夫）、关公。"十二采茶娘子"以村童十二人头饰衣裙装扮，人员少时，可减至两人，手提茶篮，从高到低依次为"大姐""二妹"……"幺妹"，打击乐组至少8人，计有30余人参与。茶灯表演时步法各异，边走边唱采茶歌，跳采茶舞，说白话。场外伴奏者，挑灯笼者帮腔，歌声洪亮而悠扬。每唱完一段歌词，须打击乐间奏。凤冈茶灯相关乐器有马锣、铜

① 《凤冈高腔茶灯》. 凤冈县文化局

（图片来源：百度百科）

（图片来源：凤岗县文化馆）

锣、钹（一般一副两用），鼓。鼓是凤冈茶灯的灵魂乐器，在演出伴奏中起着指挥作用。表演时表演唐二时作半蹲状，紧紧围绕幺妹转，两者动作夸张而滑稽。有时也根据场地的需要，也有三人或多人表演的。唐二在椭圆形场内作"撮箕口、门斗转、半边月、耙子路、圆场、半圆场式"的表演，时而穿梭走动,时而作对演唱，唱词风趣,说白逗笑，观众为之捧腹大笑。

表演程序依次为采茶、卖茶、倒茶、谢茶、团茶，每一节都由采茶调配合舞姿完成，两者相互辉映，甚是优美。其唱腔以吼唱为主，高亢激烈之音也体现了当地人的文化艺术风格。制作灯具需用到金竹、斑竹、阳山竹、皮纸、颜料、篾刀、剪刀等。

表演全套采茶歌，同时把事先写好的"祭文"焚烧，所有玩灯之人将衣箱道具、锣鼓、剩余钱物从火堆中跨过，表达全村男女老少，诚心诚意玩耍茶灯，敬奉了各类神灵，乞求保佑六畜兴旺，五谷丰登，家家清洁，户户平安。最后，将衣物道具送至下届灯头家中。

遵义茶的歌谣、诗词

民间歌谣

遵义境内流传的民间茶俗歌谣十分丰富，具有巴蜀文化特色：农作耕耘的薅秧歌《送茶歌》："大田栽秧排对排，望见幺妹送茶来。只要幺妹心肠好,一天送你大花鞋"，"青青茶叶采一篮，竹心芦根配齐全。还有大娘心一片，熬成香茶送下田。《薅秧歌》：太阳斜挂照胸怀，主家幺妹送家米。又送茶来又送酒，这种主人哪里有。"正安农村薅苞谷有送茶送酒送盐蛋的习俗,农民边薅边唱歌，即《薅草打闹网歌》是正安境内广为流传的习俗。

生活茶俗歌有反映社会底层人生活辛劳的茶俗歌谣，《茶堂馆》："日行千里未出门，虽然为官未管民。白天银钱包包满，晚来腰间无半文"。《掺茶师》："从早忙到晚。两腿早跑酸，这边应声喊，那边把茶掺。忙得团团转，挣不到几文钱"。这两首茶俗歌

（图片来源：遵义民歌集）

谣唱出了他们的艰辛和苦情。反映家庭情感的茶歌《我要去看我的妈》："圆茶盘，端茶来，方茶盘，端花来。不吃你的茶，不戴你的花，我要去看我的妈。"

情歌茶俗歌有表现大胆、泼辣、直率、热烈的爱情的《太阳出来照山岩》："太阳出来照山岩，情妹给我送茶来，红茶绿茶都不爱，只爱情妹好人才，喝口香茶拉妹手，巴心巴肝难分手，在生之时同路耍，死了也要同棺材"。表现含蓄委婉的爱情的《高山顶上一棵茶》：高山顶上一棵茶，不等春来早发芽。两边发的绿叶叶，中间开的白花花。大姐讨来头上戴，二姐讨来诓娃娃。唯有三姐不去讨，手摇纺车心想他。"以茶为媒，以饮茶、送茶来表达对情人的思念和爱慕，散发着浓烈的生活气息。《望郎歌》：八月望郎八月八，八月十五望月华。手拿月饼来坐下，倒一杯香茶陪月华。咬口月饼喝口茶，想起情哥乱如麻。""四月望郎正栽秧，妹田间送茶汤。送茶不见情哥面，不知我郎在何方。"《渣渣落在眼睛头》："红丝带子绿丝绸，默念情哥在心头。吃茶吃水都想你，眼泪落在茶碗头。娘问女儿哭啥子，渣渣落在眼睛头。"男女对唱的山歌情歌有：哥唱："妹儿采茶在山腰，青苔闪了妹儿腰；有心拦腰扶一把，怎奈隔着河一条"。妹唱："这山采茶望那山，讨得嫩叶做毛尖。哥哥不嫌味道苦，揣在身上泡茶喝。高高山上一棵茶，一对麻雀往上爬。问你麻雀爬啥子，口干舌燥想喝茶？高高山上一棵茶，郎在崖下放木伐。滩陡水急穿云过,差点闪断妹的腰。"

茶与佛家结缘很早，佛家在寺庙念经等佛事活动中必饮茶。佛句茶俗歌有《大路边一棵茶》："大路边一棵茶，不等春来就发芽。问你芽儿发得这么早？烧香居士要献茶。"《烧杯香茶念起来》："初一十五庙门开，烧香居士上庙来。打开庙门迎接你，烧杯香茶念起来。"反映朝山居士和佛家念佛饮茶的茶俗。

湄江吟社的茶诗

抗日战争时期，浙江大学迁至遵义、湄潭。当时任湄潭茶叶实验场场长的刘淦芝，是美国哈佛大学的昆虫学博士，浙江大学的客座教授，也是关心时局的诗人。1943 年初，刘淦芝博士邀请浙江大学爱好诗词的知名教授见恒源、苏步青等 8 人到茶场赏茶、品茶。组成了名闻海外的"湄江吟社"。其中关于湄潭茶诗有十多首，为贵州的茶文化留下了一笔珍贵遗产。以下摘录几首：

（图片来源：湄潭人民政府门户网）

王季梁《试新茶》

刘郎河洛豪爽人，买山种茶湄水滨。
才高更复嗜文艺，欲为诗社款诗神。
许分清品胜龙井，一盏定收回壁春。
钱公喜极急折栋，净扫小阁无纤尘。
大铛小碗尽罗列，呼僮汲水燃罇薪。
寒泉才沸泻碧玉，一瓯泛绿流芳茵。
浮杯已觉风生肘，引盏更若云随身。
岂必武夷生九曲，且效北苑来三巡。
饮罢文思得神助，满座诗意咸蓁蓁。
嗟予本是天台客，石梁采茗时径旬。
名山一别隔烟海，东南怅望迷天垠。
安得乘风返乡国，竹窗一几话松筠。

祝廉先《试新茶》

曾闻佳茗似佳人，更喜高僧不染尘。
秀撷辩才龙井好，寒斟惠远虎溪新。
赏真应识初回味，耐久还如古逸民。
睡起一瓯甘露似，时时香透隔生春。

张鸿谟《试新茶》

小集湄滨试茗新，争将健笔为传神。
露香幽寂常留舌，花乳轻圆每滞唇。
不负茶经称博士，更怜玉局拟佳人。
来年若返杭州去，方识龙泓自有真。

刘淦芝《试新茶》

乱世山居无异珍，聊将雀舌献嘉宾。
松柴炉小初红火，岩水程遥半旧甄。

闻到银针香胜酒，尝来玉露气如春。

诗成漫说增清兴，倘许偷闲学古人。

苏步青《试新茶》

翠色清香味可亲，谁家栽傍碧江滨。

摘来和露芽方嫩，焙后因风室尽春。

当酒一瓯家万里，偷闲半日麈无尘。

荷亭逭暑堪留客，何必寻僧学雅人。

第二节　遵义茶文化旅游景点介绍

翠芽 27° 景区（遵义湄潭茶海生态园）

翠芽 27° 景区是最具特色民俗文化的 AAAA 级景区、集民居风情、茶文化体验、特色餐饮、水上娱乐等于一体的大型乡村旅游区。湄潭茶海生态园（翠芽 27° 景区）是一个全景域开放式景区，景区是指湄潭县核金龙环线（核桃坝—金花—龙凤）茶文化

湄潭茶海收夏茶场景（ 摄影者：倪东海）

乡村旅游区，主要包括核桃坝茶海生态园、七彩部落、"十谢共产党发祥地"——田家沟、田家沟万花源、湄潭县现代高效茶业示范园区等核心景点，占地面积约37平方千米。遵义湄潭茶海生态园极具黔北风情，是集休闲避暑、会务接待、民居风情、茶文化体验、特色餐饮、水上娱乐等于一体的大型乡村旅游区。

核桃坝村

核桃坝村被誉为"中国西部茶叶第一村"，位于湄潭县城东北角。核桃坝有近8000亩的茶园，犹如散珠落玉般镶嵌在山林间，创造出了一个"茶树村边合，青山郭外斜"的美好家园。核桃坝作为村庄集镇式新农村，在雕花窗上，家家户户都刻有精致的小茶壶图案，与县城"天下第一大茶壶"遥相对应。

农户家小茶壶窗花（摄影者：刘赟）

七彩部落

七彩部落位于湄潭县东北部，距县城10公里，地处"十谢共产党发祥地——田家沟"和"西部茶叶第一村——核桃坝"之间，

七彩部落入口及景区内部景色（图片来源：湄潭人民政府门户网）

原名湄江镇金花村大清沟组。

田家沟景区

田家沟景区开辟了新时代红色文化旅游的新模式。田家沟是湄潭第一个"全国农业旅游示范点"，是享誉全国的的花灯戏"十谢共产党"的发源地。

田家沟距湄潭县城约10千米，20分钟车程，是兴隆镇龙凤村的一个村民组。整个村子正好位于凤凰山脚下，村前有一口水质清澈的山塘，四周青山与茶园自然相拥，门前竹园与湖水唇齿辉映，再加上那一片青瓦白墙、红柱花窗的黔北民居，一切显得是那么美丽和谐。景区内的景点主要有：黔北风情一条街、百亩荷塘景观、林间茶海、中心山塘、幸福桥、十谢共产党花灯剧表演等。

林间茶海处于凤凰山麓，茶园总面积达430亩，连绵起伏于山势林间，每年从春至秋皆是茶海的采摘季节，游客可自己采摘茶叶或于茶海之间享受茶之灵、茶之香、茶之趣。每年湄潭县茶青开采节吸引四川、贵阳、重庆、遵义等地客商和游客到此参观、品茶、交易茶。

田家沟田园风光（图片来源：湄潭人民政府门户网）

林间茶海美景（图片来源：湄潭人民政府门户网）

"天下第一壶"

"天下第一壶"茶文化公园是国家 AAAA 级旅游景区。由"天下第一壶"、天壶茶廊、水上乐园、茶文化广场及茶文化古道五部分组成。公园以"秀甲天下茶品质、海纳天下茶文化、诚聚天下爱茶人"为主题，是集茶文化特色旅游、茶文化特色酒店、茶知识科普、茶文化休闲、茶产品展示、书画欣赏及水上娱乐等于一体的旅游景区。

天下第一壶远景（图片来源：湄潭人民政府门户网）

"天下第一壶"体积 28360.23 立方米，建筑面积 5000 余平方米，壶身高 48.2 米，壶身最大直径 24 米，壶基座高 25.6 米，是目前世界上最大的茶壶实物造型，获上海大世界吉尼斯总部认证的"大世界吉尼斯之最"称号。

天壶茶廊临湄江河畔而建，环境优美，设有五个亭子，分别为待月亭、峦影亭、旧雨亭、挹翠亭、垂钓亭。

天壶品道厅位于"天下第一壶"第十层，誉名"至上品道"，观茶艺、赏书画，驻足品道，一览茶乡湄潭。

天壶茶廊夜景（图片来源：湄潭旅游局）

天壶品道厅（图片来源：湄潭人民政府门户网）

云贵山

云贵山，山上生长着古茶树，是块洞天福地。这里满眼绿色，空气散发着醉人的清香，薄雾轻绕，成片的茶树等树木在阳光的照射下，更显青翠。这里古木参天，水质特好，没有污染，十分适宜种茶，也是休闲度假，摄影拍照的好去处。

云贵山美景（图片来源：湄潭旅游局）

贵州茶工业博物馆

贵州茶工业博物馆，是贵州茶文化生态博物馆群的一个重要专馆，位于贵州省湄潭县湄江镇茶城社区贵州省湄潭茶场制茶工厂旧址内，馆区总占地面积约 25300 平方米。按照《湄潭茶文化发展规划》（2014—2023）将在此建贵州红茶出口基地馆、贵州绿茶出口基地馆、贵州茶工业机具馆、贵州茶人成就馆、贵州青少年茶叶科普馆 5 个分馆，现已建成贵州红茶出口基地馆、贵州绿茶出口基地馆及陈列室。现已建成的两馆以场景复原陈列为主，原貌保存了民国中央实验茶场以来的红茶初制、精制、萎凋、名茶体验等车间场景，其中两套木质红茶生产线保存完整，全国罕见。其陈列室则以图片为主、文字和实物为辅，简要介绍了红茶出口基地的内容，主要包括"前言""茶园开垦""黔茶出山""科技推广""品牌建设"等 5 部分 8 单元。即将要建设的是贵州茶工业机具馆。其中展陈各种图片近 200 张，各类实物 300 多件。

象山茶文化公园

象山茶文化公园坐落于湄潭县城南滨路湄江东岸象山上，南面及西南紧靠象山；北临美丽的湄江河及滨河景观带。象山，当地人称为打鼓坡，原是中华民国实验茶场茶叶基地。整个景区共占地 5000 多亩，分为茶文化度假酒店、茶博园、碑林、茶叶科普基地、游乐场、彩绘阶梯、樱花大道等部分。其中茶博园、游乐场、樱花大道、彩绘阶梯已建成投用，茶文化度假酒

（图片来源：湄潭旅游局）

（图片来源：湄潭旅游局）

（图片来源：湄潭县人民政府门户网）

（图片来源：湄潭县人民政府门户网）

店及碑林正在规划建设中，整个景区以茶为引入点，与对面的"天下第一壶"茶文化博览园遥相呼应，充分体现了茶文化的底蕴。

　　该景区布局形式因地制宜，结合地势高差沿河布置景观，公园内的每个建筑都能共享到湄江河独特的自然景观，是集茶文化旅游、茶树及樱花观赏、茶叶科普学习、休闲等于一体的综合型茶文化公园。象山，现为当地人娱乐、休闲、散步、赏花的好去处。因为大道两旁的樱花而以"象山樱花"著名。

（图片来源：湄潭县人民政府门户网）

中国茶城

　　中国茶城位于湄潭县县城湄江新区（行政中心西侧），是按 AAAA 级标准打造的全省100个城市旅游综合体之一。中国茶城立足贵州、辐射西南、面向全国，打造集茶叶交易、茶博物展馆、中华茶俗馆、茶业机具、茶文化旅游、商务休闲、电子商务、科研培训等于一体的国内一流茶城。

（图片来源：湄潭县人民政府门户网）

（图片来源：湄潭县人民政府门户网）

小茶海景区

海景区即为湄潭兴隆镇接官坪生态茶园基地，是官坪生态茶叶基地同时也是湄潭县独具特色的茶旅一体化精品旅游线路。

凤冈仙人岭景区

凤冈仙人岭景区是集养生、观光、采茶体验、休闲度假于一体的旅游景点。可在景区内感受原生态的大自然，感受淳朴的茶乡风情。仙人岭以人文历史、神圣净土为依托，为游客带来身心的舒压放松。

游客可坐上仙人岭索道，俯瞰万亩茶园美景；可走上玻璃吊桥，感受凌空的惊险；可走进茶园，体验采茶，品锌硒佳茗；还可走进

仙人岭石刻、缆车（图片来源：百度百科）

农家庭院，喝油茶、吃黄胶米花、尝乡间美食。

凤冈"茶海之心"

凤冈"茶海之心"景区为国家 AAAA 级旅游景区、"中国西部茶海之心"景区位于贵州省遵义市凤冈县永安镇，是全国休闲农业与乡村旅游示范点，景区所在地田坝村是凤冈县富锌富硒有机绿茶核心基地。"茶海之心"景区环境优美，森林覆盖率加上茶树在 80% 以上，因土壤富含锌硒元素，其出产的中国仅有的锌硒有机茶极具养生功效。景区森林覆盖率达 85% 以上，植被丰富、物种多样，树木苍翠，鸟语花香，茶园环绕，林中有茶、茶中有林、林茶相间、茶香四溢，有着"中国西部茶海之心"的美名。

凤冈茶园美景（图片来源：百度百科）

余庆二龙茶场

二龙茶场位于余庆松烟镇二龙村，这里地处于余庆、湄潭、凤冈三县交界处，是一座以种茶制茶为主要产业的茶园新村。这里不仅拥有广袤的原生态茶田，还结合平缓的山地和美丽的乡村田园风光，打造以骑游乡村为特色的"中国第一骑游小镇"

旅游品牌形象。二龙茶场现已设置超过100公里长的田园观光栈道，还设有15公里长的专业山地自行车道，游客来此既可享受田园风光、体验采茶制茶的乐趣，也可以租借自行车开展骑行运动。二龙茶场着力打造"园区＋文化＋旅游＋体验＋消费"的农旅一体化深度融合的茶产业发展新模式。

二龙茶场美景（图片来源：《今日余庆》数字报）

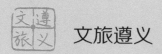
第 六 章

多元民俗：遵义少数民族民俗文化旅游

将某一特定地域内的民族民俗文化当作一种资源进行开发，以吸引外地的旅游者到这一民俗文化产生地进行观赏了解和体验参与，则称为民俗旅游。民俗旅游，从 20 世纪 80 年代开始至今，已有 30 多年的时间，在全国各地的不同区域都有所开展，有开展得非常成功的例子，也有很失败的例子，这既是因为民俗文化在被开发出来，面向旅游者的时候，会给民俗文化带来非常复杂的影响，其中既有对民俗文化的扭曲、变形和夸张，也有对民俗文化的复兴、以及为了将民俗文化延续下去而开展的传承"建构"，此外，还有对民俗文化进行重新创作而进行的民俗文化"再生产"，所以民俗旅游的发展要建立在民俗文化是否适宜开发的基础上，并要找到正确的开发和利用途径，以避免伪民俗的现象，和对民俗文化的扭曲、变形和夸张，而要实现对传统文化进行创新型转化和创新型发展。在民俗学界，普遍将民俗文化分为四类：物质民俗、精神民俗、社会民俗和语言民俗，其中物质民俗中的饮食、服饰和建筑民俗与社会民俗中的岁时节日民俗和民间游戏娱乐，以及精神民俗中一些娱人的表演是显性民俗、是能够看得见的、有一定的物质载体和表演形式，也适合作为民俗旅游资源进行开发，所以在本章中对遵义人数较多的仡佬族、苗族、土家族的民俗文化进行了图文并茂的呈现，分别是：仡佬族的饮食民俗——熬糖待客，逢六煮酒以及被列入国家级非物质文化遗产代表作名录的仡佬族三幺台宴和仡佬族的建筑民俗——干栏式建筑；仡佬族的社会民俗——吃新节、高台舞狮、牛王节、打篾鸡蛋。苗族的社会民俗——苗族过年、斗脚舞、滚山珠、采山节；以及服饰民俗。土家族的饮食民俗——绿豆粉、花甜粑；社会民俗——过赶年、火龙舞、山王节、船灯等。以期能够更好地介绍、宣传、推广遵义的民俗文化资源，促进遵义地区民俗旅游的发展。

第一节　遵义少数民族民俗文化概况

一、民俗的概念与分类

民俗，即民间风俗，"指一个国家或民族中的广大民众在社会生活中创造、享用、世代传承的生活文化，相沿成习的生活模式，它是一个社会群体在语言、行为和心理上的集体习惯"[①] 这些生活文化、生活模式、集体习惯纷繁复杂，总体来说分为四个部分：物质民俗、精神民俗、社会民俗和语言民俗。

物质民俗主要包括：生产民俗、饮食民俗、服饰民俗、居住民俗、商贸民俗、交通民俗、医药保健民俗等。精神民俗主要包括：民间艺术、民间信仰、民间巫术、以及民间哲学伦理观念等。社会民俗主要包括：社会组织民俗（如血缘、地缘、业缘组织等）、社会制度民俗（如人生仪礼、习惯法等）、民间娱乐习俗、以及岁时节日民俗等。语言民俗主要包括：民俗语言（民间谚语、俗语、谜语、歇后语、黑话、街头流行语、酒令、民族语言、方言等）和民间文学（神话、民间故事、民间传说、民间说唱、民间歌谣等）[②]"。

从 20 世纪 80 年代我国开始对民俗文化的旅游进行开发至今已有 30 多年的历史了，而且在学术界，也已经有从不同的学科，如民俗学、人类学、社会学以及旅游领域将民俗旅游作为共同的研究对象而展开的研究。在此，我即从民俗学的角度展开对遵义少数民族民俗旅游的调查与研究。对于民俗旅游的开展，除了吸引游客以增加地方收入外，还有一个目的即宣传地方文化，将其展现给外来游客，而地方文化作为中华民族共同体文化的一部分，所以开展民俗旅游，同时也是在宣传中华民族传统文化，那么在对传统的一些民俗进行旅游开发时，就要进行选择，选择那些有保留价值和传承价值的优秀的民俗文化，其次要选择那些适

① 钟敬文主编：《民俗学概论》，上海：上海文艺出版社，1998年，第 2—3 页。

② 钟敬文主编：《民俗学概论》，上海：上海文艺出版社，1998年，第 5 页。

宜开发的民俗文化。对于民俗旅游开发方面的问题，钟敬文先生早先就提出：过去遗留下来的民俗中既包含有糟粕部分，也包含有精华部分，如何保留那些属于精华的、有价值的东西，就要看如何对民俗文化进行应用了。要对民俗文化进行应用，首先要对民俗文化进行研究，挖掘出具有保留价值的东西，接下来再研究如何在旅游经济的开发中应用民俗中有价值的东西，也即是如何通过旅游来展示民俗，吸引游客，进而宣传我们的传统民俗文化[①]。这即是说民俗旅游的开展应该以宣传优秀传统民俗文化为宗旨，同时，这也是民俗旅游研究的一个思路。

二、遵义少数民族民俗概况

在本章中，我将不会对遵义地区所有少数民族及其所有的民俗文化进行全面的描述，而是对遵义地区人口较多的三个少数民族——仡佬族、苗族、土家族的一些较能吸引游客的、适宜开发的民俗旅游资源进行呈现。民俗学家钟敬文先生将民俗文化分为四类：物质民俗、社会民俗、精神民俗和语言民俗，其中物质民俗中的饮食民俗、服饰民俗和建筑民俗与社会民俗中的岁时节日民俗和民间游戏娱乐，以及精神民俗中一些娱人的表演是显性民俗、是能够看得见的、有一定的物质载体和表演形式，也适合作为民俗旅游资源进行开发。饮食对于人类来说，决不仅限于填饱肚子的生理需求，往往饮食具有丰富的文化内涵，食物如何做、怎么做、做成什么样子，人们如何吃食物、是怎样吃的，都在一定程度上体现、并实现着人们在精神层面的需求，从而形成了丰富多彩的饮食民俗文化。在本章中介绍了遵义仡佬族的熬糖待客、逢六煮酒、三幺台宴；遵义土家族的绿豆粉、花甜粑等较有特色的饮食民俗文化。服饰往往被看作一个群体区别于另一个群体最外显的标志，同时对于个体来说，它也体现了个体对所属群体的社会认同，在本章中介绍了桐梓县马鬃乡红苗的服饰，其绣品于2006年列入了国家级第一批非物质文化遗产名录。郑光真先生说："建筑是凝固为物体的人生"[②]。他将人的一生全面呈现在

① 钟敬文：《民间文化保护与旅游经济开发》，《民间文化》2001年第2期，第6页。

② 钟敬文主编：《民俗学概论》，上海：上海文艺出版社，1998年，第94页。

了建筑上，通过建筑来探讨人的一生。如中国最典型的民居四合院，不仅体现了中国人的人与自然和谐相处、天人合一的理念，也体现了中国人家族共居、重视血缘亲情的内聚倾向，在这个四合院中的每一个个体的荣辱都关系到这个四合院内的家族。仡佬族是生活在西南山地最古老的民族，因南方高温、多雨、潮湿、森林茂密等自然条件的影响，仡佬族与其他南方民族一样，因地制宜创造出了独具特色的"干栏式"建筑文化。

"岁时节日，是指与天时和物候的周期性转换相适应，在人们的社会生活实践中约定俗成的、具有某种风俗活动内容的特定时日。在不同的节日会举办不同的民俗活动，且以年度为周期，循环往复，周而复始。[1]"在本章中介绍了遵义仡佬族的吃新节、牛王节；遵义苗族的踩山节、苗族过年；遵义土家族的四月八、山王节、过赶年等，这些节日习俗既体现了传统社会中古代先民对自然界四季变换规律的把握，也体现了其张弛有度、应时而作的自然生活节律，以及与自然界中动、植物的和谐相处。

"游戏娱乐，是民间的一种通过休闲、消遣，而达到调剂身心的目的，并且又具备一定模式的民俗活动。[2]"民间游戏娱乐与人类的生活实践有关，一定的民族居住在一定的地区，受不同地区地域条件的限制，人们形成了与特定地域条件相适应的生产、生活方式，和生活习性，相应的其民间游戏娱乐也带有一定的地域色彩。本章将介绍遵义仡佬族的高台舞狮、打篾鸡蛋；遵义苗族的苗灯、滚山珠、斗脚舞；遵义土家族的船灯、牛舞、穿灯舞、火龙舞等。这些活动不仅使劳作后的人们得到休息、增添了生活情趣、使人精神振奋，而且使人们获得了相互交流、彼此沟通的机会，增进了人们之间的友谊、调整了人际关系，有利于社会生活的和谐稳定。

① 钟敬文主编：《民俗学概论》，上海：上海文艺出版社，1998年，第131页。

② 钟敬文主编：《民俗学概论》，上海：上海文艺出版社，1998年，第366页.

第二节　遵义民俗文化旅游产品

一、仡佬族民俗文化旅游产品

（一）仡佬族概况

参考前辈们的研究得出，仡佬族的先民是最早见于汉文献《尚书牧誓》里面的濮人，濮人在殷商时期，是一个人口众多，在南方分布区域之广的族群，而且还建有地方性政权——牂柯、夜郎。后因不同政权之间的争战，濮人因战败，人口锐减。三国以后，濮人在汉文献中的记载越来越少，而代之以夷僚或僚的称谓。到了唐宋时期，僚人的其他支系都融入了其他的像汉族、氐羌、苗瑶等族群中，仅有一支发展演变为现在仡佬族的先祖。在隋唐史籍中先是出现了"仡僚""偈僚""葛僚""佶僚"等称谓，这些都可看作"仡佬"的异写，于宋代朱辅的《溪蛮丛笑》中首次有了"仡佬"的称谓。所以从汉文献中，可以看到仡佬族的称谓基本上是经历了一个濮——僚——仡佬的这样一个过程。

现在的仡佬族在云南、广西、四川的一些地方都有分布，但大部分分布在贵州，"据 2010 年第六次人口普查统计，全国仡佬族人口为 550746 人，遵义仡佬族有 297964 人，占全国仡佬族总人口的 54.1%，可以说遵义是仡佬族的大本营。遵义的仡佬族主要分布在道真仡佬族苗族自治县（道真县）、务川仡佬族苗族自治县（务川县）、正安县、遵义县、仁怀市，其被当地的其他民族称为'古老族'或'古老户'①"。

（二）物质民俗——饮食、建筑

1.饮食民俗

因仡佬族所居区域大多为山地、丘陵，山多田少，故仡佬族

① 中共遵义市委统战部编著：《历史资料文集 遵义少数民族》（内部资料），2016 年，第 8 页。

主食玉米，兼食大米、麦子、薯类、豆类。肉食以猪肉为主，以野羊、野猪、野兔等猎获物作为食物的补充，虽然其食材种类不多，但仡佬族勤于思考，创造出很多的美食，以及美食文化。

（1）熬糖待客 [①]

在道真县仡佬族中，有熬糖待客的习俗，好客是仡佬族的一种美德，也是一种习性。旧时，糖果稀缺，市场上糖果供应也少，人们也无多余的钱财用于购买糖果，于是，仡佬族开始自制糖食以代之。然因地处偏僻，海拔又高，甘蔗不出，仡佬族就选用红苕和苞谷来代替。红苕熬糖普遍，而苞谷熬糖较少。除非是家境稍富，或家里要办大事待客，否则是不能拿粮食熬糖的。原因很简单，那时经济落后，食不果腹，粮食都还不够吃，怎么会用苞谷熬糖，因此只能用红苕熬糖。

红苕熬糖，农家称为"麻汤"，也即麻糖。熬糖程序也很有趣，先生谷芽子或麦芽子，待生好后才开始熬，将红苕洗净放于锅里煮，熟后用锅铲压烂成糊状，加水烧温，再放谷芽或麦芽，温度不能过高，掌握在三十几度为好，温度高了就会把谷芽或麦芽烫死，不起作用。待点清后再用糖帕过滤，取水倒于锅里，然后是烧大火熬，如火大，可在十小时左右熬成，如火不大，就需更长时间。

通过十多个小时的大火熬制，锅里的水蒸发了七成左右，见在扑花，就用一块事先准备好的木片搅拌，实际是放在锅里左右打，其声"啪啪"，打老了不行，嫩了也不行，将木片拿起来见有二指宽麻糖不掉排，就可以起锅放入漆箩子里封好待用。

用苞谷熬与以上程序一样，只是先要将苞谷推成面。为了便于携带、保存，且令人看上去美观，当地仡佬族将麻糖制成了多种多样的零食小吃，如糖饼、酥食、麻饼、麻糖梗等。

制糖饼：将麻糖放入甑子里蒸化，再放入事先准备的模型里凝固成需要的形状，撒上香面即可，放入漆箩子或塑料袋里封存。

制酥食：将麻糖放入甑子里蒸化，和上米面与其他香面搅

① 资料来源于：政协道真仡佬族苗族自治县委员会编：《道真仡佬族民俗》，北京：中国书籍出版社，2017年，第19-20页。

（图片说明：图1，将制作酥食的食材放入刻有花纹的模具里
进行压制；图2，从模具里将酥食一个个地取出；
图3，做好的酥食；图4，制作好的麻饼）

匀，倒入刻有花纹的模具里，压紧倒出，一个个漂亮的酥食就成
了。放入漆笋子或塑料袋里封存。

制麻饼：将麻糖放入甑子里蒸化，用苞谷泡、芝麻等与麻糖
倒入锅里和匀，掌握好火候。火候到了，放在特制的器具里拍紧，
倒出后再用刀切割成块状，放入漆笋子或塑料袋里封存。

制麻糖梗：首先将麻糖放入甑子里进行蒸，待化开后，倒在
案板上，然后由两个人分别用两根麻糖棒反复拉扯，见梗内有空
壳眼便放在案板上码好，让其冷却后，再切成二十厘米长短，放
入密封好的器物内。扯麻糖梗要求屋子严实，干燥，否则麻糖梗
回得快，变软就不好吃了。

（杨代芳搜集整理）

（2）逢六煮酒[①]

在道真仡佬族苗族自治县的一些乡村，一到腊月间，村里就
漂着一股酒香，因为家家户户都在煮酒，这也成为当地的一种习
俗。其主要用意：一是为过年做准备，二是招待客人。这里说的
煮酒，实际上是指蒸醪糟。醪糟有两种，根据酒味的浓和淡来进
行分类，酒味浓的是恶醪糟，酒味淡的则为甜醪糟。

蒸醪糟需要选择好时间，一般选择在大寒小寒之间，逢六便
好。这个时间蒸的醪糟不仅味道正，而且存放时间也长。从蒸醪
糟还可看出家贫或家富，家贫者用苞谷米蒸，家富者用糯米蒸。
苞谷蒸的称为醪糟，糯米蒸的称为"神仙酒"。

①　资料来源于：政
协道真仡佬族苗族自
治县委员会编：《道真
仡佬族民俗》，北京：
中国书籍出版社，2017
年，第18页。

不管是苞谷还是糯米，都要放在甑子里蒸，蒸到一定时候要翻，同时要发水，千万要注意，不是什么水都可以，必须是发甑脚水，据说其味道好，不走味。蒸得好，时间长，煮酒的质量就好。蒸好后倒入簸箕内冷却，到一定温度放入麯药，和匀后让其完全冷却再装进撮箕，放在大锅内或有适当热量的地方发酵，如发了两天两夜，要观察是否已发烧，如没有，就要加一点温度，三天三夜后就发好了。如果温度过高，就会有酱黄味，不好吃。刚发好的称为嫩醪糟。大人说，小娃儿不能吃，吃了会脱肛，要装在坛子里三天过后（也有说七天）才能吃。就像大人们说没结婚的吃不得猪蹄叉一样，是因为那个时候那个东西稀少，又好吃，量不多，怕娃儿及早吃掉以后没有待客的。

在道真一些地方，家中来客人了，首先就是热一碗醪糟水给客人吃，仡佬人以醪糟水待客是待客之首礼。

（杨代芳搜集整理）

① 资料来源于：政协道真仡佬族苗族自治县委员会编：《道真仡佬族民俗》，北京：中国书籍出版社，2017年，第58-59页。

（3）三幺台宴 ①

道真仡佬族苗族自治县的仡佬族三幺台，是仡佬族中最具特色、且最隆重的待客礼俗，已于2014年被列为国家级非物质文化遗产代表作项目名录。

仡佬族三幺台宴上的客人

三幺台宴中的第一台茶席

三幺台宴中的第二台酒席
（图片来源：百度图片搜索）

三幺台宴中的第三台饭席
（图片来源：百度图片搜索）

　　"三幺台"也即是指一次宴席要分三台（次）吃完。"幺台"，是道真仡佬族方言"结束"完了"之意。有考证说，"幺"指最后，"台"指一台戏，"幺台"合起来的字面意思就是最后一台戏，之后就"没戏"了。意思差不多的道真说法还有"煞各""归一"等都是结束、完了之意。

　　在"三幺台"中。完整的一轮宴席要经过茶席、酒席、和饭席三道程序。 第一台茶席。首先给每位客人人手一碗油茶，桌子上并摆有芝麻饼、粽子、葵花子、花生、米团子、麻糖杆、洋芋片、白果等若干食品。当客人吃完时，将碗盘撤去，只留下筷子，这即为"一幺台"。第二台为酒席，顾名思义，也既喝酒，桌子上摆有猪肉类的菜品，如猪舌、腊猪肚、猪心、猪腰、以及卤制干盘食品或凉菜，客人吃完后。将酒杯和餐盘撤去，只留下筷子，即为"二幺台"。第三台为正席，也可称作"饭席"，就是以吃饭为主，桌上摆有汤菜、肉菜、素菜等热菜，主要以当地生产的笋子排骨汤、黄花粉丝汤、油豆腐、酥扣、醡扣、登子肉等九碗四盘佳肴为主。当三台都吃完后 便是"三幺台"了。这就是道真仡佬族苗族自治县的仡佬族最为隆重的、也是最具特色的饮食礼俗。在民间的一些活动，像给老人过寿、嫁姑娘、娶媳妇、建新房、以及节日活动等，大都会举办"三幺台"。"三幺台"一般有四个

（图片说明：图中所示为三幺台宴中的第三台饭席中的一道菜：
登子肉，是将切好的肥肉块放在由白糖与菜油打出来的糖汁中
熬制而成，此道菜源于仡佬族先民祭祀祖先的祭品）

部分组成：准备、祭祖、正席、施食，在每一个部分下面又都有
若干小程序和礼仪。所以有人形象地誉之为"仡山大宴"。 其间，
食品丰富，制作讲究，注重礼仪，讲究规矩；大量的仡佬族民间口
头文学在这宴席上代代相承。因而成为展示民族厨艺和民族食品，
乃至地方特产的特殊场所，也是日常礼仪规范的特殊讲台。在增
进情谊，交流信息方面，具有极不寻常的意义。

（黄逢贵搜集整理）

2.建筑民俗

龙潭村，是一个仡佬族村，位于务川仡佬族苗族自治县，据
说这个仡佬族村寨已有 700 多年历史，是保存最为完好的一个古
老的仡佬族村寨。它不仅是贵州省 20 个民族文化重点保护建设村
之一，也是全国唯一的仡佬族文化保护建设村寨，2010 年入选第
五批国家历史文化名村。龙潭村到务川县城有 12 公里的路程，该
村由前寨、中寨、后寨、茶地四个自然村寨组成。这个寨子三面

龙潭村前寨寨门

龙潭古寨寨门

都被山包围着，只有一面临水潭，寨内的小路全用石板铺彻，各石巷间相互连接，幽静深邃、古朴宁静，走在寨子间常会感到像是来到了世外桃源。

　　古村落内的建筑设施，年代大多是在清咸丰、同治至民国年间，保存较为完好。住房多为木质结构，屋顶呈人字形，覆盖小青瓦，房子四壁安装木板。四面墙壁若为土坯、篾条或篱笆，就会将其统一刷成白灰色，以显好看。房门和窗棂上都雕饰有形态各异的吉祥图案，如龙、凤、鱼、以及花草等，具有鲜明的地方特色，整体看来构图精美，雕工细腻。龙潭村的仡佬族民居一般是独立成院，一正房两厢房，整体结构呈"凹"字形，当地人将"凹"进去的那部分叫吞口，中间部分为堂屋，设置神龛"天地君亲师"，用于供奉祖先、接待来访客人。对称的两边为厢房，用作厨房和卧室。

　　整个屋基一般高出四周地面 30 厘米以上，主要起到防水防潮的作用。院落中间铺石头，四面用石头砌围墙，围墙上没有窗子，仅有大门与外面相通，形成封闭式四合院。这个大门为两柱穿斗结构木质门，顶盖青瓦，两扇大门上常会雕刻有精美花纹。此外，无论是房子的门，还是与外界相通的大门上，均安装有镂空设计的"腰门",在正房的门上会设计有一个"猫眼",而这个"猫眼"的设计独具匠心,不是在门上捅一个洞,而是在门上雕刻好的窗子的图案上,将其中的一扇窗设计为活动的,这扇窗可打开也可关上,如果这扇窗子是关闭着的,不注意看是不会看到这个"猫眼"的。

(图片说明:图1,房子内部结构;图2,民宅的大门和腰门;
图3,寨子内的石板路;图4,民宅的院子内,正房,厢房;
图5,正房上的门;图6,正房门上的"猫眼")

（图片说明：左图和右图均为仡佬族建筑门和窗上的雕刻花纹图案，
笔者拍摄于务川苗族仡佬族自治县仡佬族博物馆）

（三）社会民俗——岁时节日民俗、民间游戏娱乐

1.岁时节日民俗

随着社会的发展、历史文化的变迁以及各民族间的交流，会讲仡佬语的仡佬族已是非常少，因历史上仡佬族与汉族交往密切，故其语音、词汇、甚至语法结构都吸取汉语表达的部分特点，可以说每个人都会讲汉语，但并非每个仡佬族都会讲仡佬语。仡佬族不仅语言消失严重，还有一些在文献记载中的民风民俗也已不复存在，但他们为了记住自己祖先的共同历史和文化，也在不断举行一些节日、仪式，随之也有许多古老的民俗文化得到珍视而被保留了下来。

（1）吃新节①

"吃新"又叫"尝新"。举行"吃新节"的日期在仡佬族中没有统一，大概是在农历的七、八月间，主要以早稻成熟为标志。仡佬族"吃新"的主要内涵，一是纪念祖先"开荒辟草"之功绩；二是预庆丰收之到来。"吃新"及祭祀，曾经是以村寨为单位，在族中尊长的主持下聚族活动，现在一般多是分户进行。传统仪式内容主要有迎宾、采新、祭祖、尝新等。

"吃新节"这天一大早，各家的妇女们会带领自家的女儿，到田地里采摘新谷穗和一些嫩瓜、嫩豆角。谷穗和瓜、豆角的采摘是有讲究的，要选粒满穗长的谷穗，和长得个大饱满的瓜和豆

① 参见中共遵义市委统战部编著：《历史资料文集 遵义少数民族》（内部资料），2016年，第52-53页.

角。采回家以后，男主人还要再进行选一次，从中挑选颗粒最大的且饱满的稻穗，将其捆扎成一束一束的，有的悬挂在门厅两旁，有的奉在先祖牌位前的桌案上。"吃新"的餐席，主要是以新米饭为主，以及一些新长成的南瓜、豆角等时令蔬菜。"吃新节"期间，仡佬族的女婿们要给岳丈家送去新粮食，请岳父岳母品尝，一方面是孝敬长辈；另一方面，则是岳父岳母在对女婿所种庄稼进行检验。

（2）牛王节 [1]

道真仡佬族的传统节日"敬牛节"（"祭牛王菩萨"或"牛王节"）是在农历十月初一举行。关于"敬牛节"的来历有一个传说故事，与仡佬族将力大无穷的野牛驯养成温顺听话、并帮助仡佬族进行劳作的家牛有关。据说在仡佬族的早期，有很多体壮力大的野牛，很难被人猎获和驯养，于是仡佬族在对野牛进行捕前和捕后都要祭祀牛王菩萨，以获得它的保佑能够捕牛驯牛成功，而捕捉野牛的最佳日期是在秋末。随着时间的推移，人们逐渐就把农历十月一日定为牛王菩萨的祭祀日，后来逐渐演变为牛的生日。当然也有这样的传说，说是仡佬族先民居住的山寨，有一年不知是什么原因遭到了兵马的围困，寨老家有一头老牛很有灵性，它将全寨人引到山后的一个隐秘的岩洞里进行躲藏，等官兵走后，他们才出来，这样保住了人们的性命。还有的说，仡佬族的先民们原来就生活在荒山野岭之中，后来从天上下来一头神牛，帮助仡佬族先民开垦荒地和种植五谷。后来仡佬族先民就把牛看作为是他们的恩人，既帮助他们开垦荒地，也帮助他们躲避官兵的追捕，所以他们不打牛、更不允许吃牛肉。

在"敬牛节"这一天，要在牛圈门前烧香、燃烛、烧纸钱，并还要杀鸡和备酒。一是祭祀牛王菩萨，希望它保佑自家的耕牛无病无灾、能吃能睡；二是在为耕牛做寿，感谢耕牛帮助人们耕田劳作。在这一天，人们会把牛厩收拾得干干净净，并垫上厚厚的软草，用最好的草料喂牛，让牛得到好好的休息。同时，还要用糯米打两个糍粑，将其挂在牛的两只角上，还要把牛牵到水边

① 资料来源于：政协道真仡佬族苗族自治县委员会编：《道真仡佬族民俗》，北京：中国书籍出版社，2017年，第231-232页。

或打盆水放在它面前，让它从水中照见自己的影子，然后将糍粑取下，让牛吃掉。在其他的一些仡佬族那里，还会给牛披红挂彩，并放鞭炮表示祝贺。在那些没有养牛的人家，他们也要备置酒、肉、香、烛、纸钱等，到自家的田边祭祀牛王菩萨，祈求它保佑自己家能够早日买上耕牛、或在租借别人家的耕牛时，耕牛乖乖地听使唤，耕起地来顺顺当当，又快又好。耕牛在仡佬族中是十分珍贵的，不仅帮助人们耕地，还帮助人们进行运输、推磨等劳作。

（吴明泉搜集整理）

2.民间游戏娱乐

（1）高台舞狮[①]

仡佬族高台舞狮是一项传统体育项目，因借助普通的农家饭桌搭建高台，并于其上展开舞狮活动而得名。一般由5—12张大方桌搭建成高数米或10余米的高台，无任何保险设施，由普普通通的农民进行表演，动作高、难、险、巧，凡目睹者无不叹为观止。道真的高台舞狮队参加过贵州省第二、第三、第五届少数民族传统体育运动会，分别获表演项目优秀奖、金奖、特等奖；参加过第五届、第七届全国少数民族传统体育运动会，获表演项目银奖；2007年5月29日，高台舞狮被贵州省人民政府公布为第二批省级非物质文化遗产，并多次应邀赴遵义、贵阳、上海、广东等地演出，获得一致好评。

传统的高台舞狮表演，一般是在春节期间举行。正月初一，舞狮队就出门，走村串户，一直要到正月十四才返回家中，于十五日时将狮头烧掉，即告结束。高台舞狮的表演主要有三个角色："笑和尚"、"孙猴"和由二人合扮的"狮子"。此外还有参与者，分别是敲鼓、敲锣、击钹、打马锣的人以及一个先行联系的"打牌灯"者。舞狮者无论到了谁家，家家户户必是鞭炮相迎，将舞狮者接引到堂屋中进行"参香"并驱打邪气，祈求新的一年平安吉祥。因从初一到正月十四舞狮队就一直不回家，住在村民家中，

① 资料来源于：政协道真仡佬族苗族自治县委员会编：《道真仡佬族民俗》，北京：中国书籍出版社，2017年，第257-258页。

所以高台舞狮的表演多安排在当天准备住宿的农家附近。

"高台"的搭建方式主要有"宝塔式"和"一炷香式"两种。"宝塔式"所用木桌一般为七张、九张，或十二张。按最底层四张，第二层三张，第三层两张，第四、五、六层各一张八仙桌逐级叠成，"一炷香式"则各层一张，接叠而上。顶上一张均用倒扣方式，四脚朝天。"宝塔式"总高约有 7 米，"一炷香式"则高 10 米左右。表演开始，"笑和尚"与"孙猴"出场，展示的是目连拜师学艺的过程。滚绣球、翻拱桥、搭泥饼、踩高桩、倒上桫椤、鳌鱼吃水、断桥插柳、遥视苦海、碰头设计、蜘蛛吊线、天王封印、倒挂金钩等，于趣味之中，极尽翻腾跳跃之能事。继则"狮子"盘旋而上。到达台顶，参拜四方。然后登上四脚，旋舞一周，或昂首眺望，或调头理毛，或俯首舔脚，或飞腿前踢。惊险达于极致，表演进入高潮。其间，台上鼓锣不断，台下是掌声齐鸣，观看者将心提到了嗓子眼，惊险刺激、心情激荡。"高台舞狮"虽起源于"目连救母"的故事，但因为时间久远，大多数已不得知，仅为数不多的行内年老长者还略知大概。

（冉文玉搜集整理）

（2）打篾鸡蛋 [①]

在仡佬族中，有一项传统体育活动叫"打篾鸡蛋"，"篾鸡蛋"则是由竹篾编制而成的、在外形与大小上如鸡蛋。"打篾鸡蛋"传说是夜郎时期仡佬先民的一种练兵形式，后演变为一种体育运动项目。此外，"打篾鸡蛋"还另有一个美丽的传说：相传古时有位叫竹青的仡佬族姑娘，不仅心灵手巧，而且善良美丽，深得小伙子们的喜爱。因向她求爱的小伙子太多了，于是竹青就提出，谁不仅篾鸡蛋编得好，还打得好，我就嫁给谁。于是众小伙儿都苦练技艺，其中一名叫竹平的青年，以其精湛技艺，赢得了姑娘的芳心。从此，篾鸡蛋便成为仡佬族青年男女表达爱情的信物。在现在也有不少年轻男女，以送篾鸡蛋来互表爱意，而且青年男子更是将打篾鸡蛋作为一项值得夸耀的本领，所以"篾鸡蛋"还有一个名字叫"篾绣球"。

① 资料来源于：政协道真仡佬族苗族自治县委员会编：《道真仡佬族民俗》，北京：中国书籍出版社，2017年，第259-261页。

"篾鸡蛋"的制作，可精可粗，可小可大。精细者，竹篾使用青篾，并且要经过反复蒸煮；编制时装入响铃或金属片等物；外表还需要着上多种色彩。粗糙者，便不必如此讲究。其大小，也完全凭其自愿，小者如鸡蛋，大者如足球。

"篾鸡蛋"的打法主要有五种："打'呆子'""打盘子""过河""进缸""换窝"。无论何种打法，大多分为两队。届时，无论男女老幼都会齐上阵，不论人数多少。传球方法上，或者用手抛，或者用脚踢，或者用木棍赶逐，或者多种方法并用。场地的选择也十分灵活，农家小院，山间平地，无一不可；其大小也没有太多的限制。在一些年节以及喜庆场合，或得劳动之余的闲暇时间，均会进行打篾鸡蛋。决定胜负的办法，也可在比赛之前临时商定。打篾鸡蛋的比赛形式有许多，常见的有踢过河球、打"呆子"、换窝等。

a. 打"呆子"

该比赛场地为：长为 32 米，宽为 18 米，长边为边线，宽边为底线，两长边的连线则为中线。以中线均分为两个半场。每一个半场以底线中点向中线方向垂直延伸 6 米为圆心分别以 0.75 米，1.3 米，2.9 米为半径画圆为"呆子区""攻防禁区""专防区"。并以圆心距中心线中点 5 米处，画 1 米长 5 厘米宽并平行于中线的直线，作点球区。这种比赛为对抗赛，参赛者由甲乙两队组成，每队 6 名队员，各以一名队员为"呆子"。两队着装，除"呆子"应在头上佩戴特殊标志外，样式相同但色彩各不相同。双方通过挑边确定场地后，"呆子"马上进入"呆子区"、其他队员环立中心点，争抢裁判抛出的高球，并以地滚、空传、手运等方式按规则将球传入对方场地，展开对对方"呆子"的攻击。攻击时，攻击对方只能在"专防区"以外。"呆子"受到攻击时，则可以接球或闪避，但只能在"呆子区"内，不得越出，否则视为犯规。"呆子"无论任何部位被击中，且篾球落地，则对方得 1 分。同时本"呆子"退出"呆子区"由本队攻防队员接替（该"呆子"由未任过"呆子"的队员接任）。先得 6 分者为胜。本赛一般实行 5 局 3 胜制或 3 局两胜制，必要时也有一局定输赢的。

b. 踢过河球

参赛队员亦分为两队。无论多少，只要人数相等。在场地中间画一中线或拉一绳索为界（亦叫河界）。若是三合头或四合院的房子，便以檐沟为线。草坪、旷地自画边线。踢过河球要公推两个大公无私的裁判，站在河界两边，口含瓦窝（泥哨）或口哨，裁判发球、接球、进贡球等是否有效，是否违规。竞赛开始，裁判吹口哨，双方队员排列在中线左右的底线边。双方领队到裁判跟前认（估）"单""双"，单双认定后领队两人在裁判面前握拳伸手指高喊"单""双"，叫"划拳"。双方伸指和为"单"，由"单"方先发球，双方伸指和为"双"，由"双"方先发球。双方反复打过河界，以打不过界、接不住球或球触身躯为负。若双方实力相当，可持续几十甚至上百个回合。

c. 换窝

在场地正中挖一个约大于篾绣球的坑，叫"大窝"。窝边站一裁判。不论场地大小，在大窝四周，参赛队员在距大窝 2.5—3.0 米的地方，各挖一个坑，作为参赛队员自己的窝，组成一个圆形，这些坑叫小窝。每个参赛队员手执 75 厘米左右长的竹竿立于小窝内，窝边放一个篾绣球，准备用竹竿将自己的球先赶进大窝。这时，裁判站在场地中央宣布规则："不许用手推球，不许用脚踢球，不许用竿触及队员身体，只能用竿赶自己的球进大窝，推球时可阻拦任何一个队员的球路，请各位做好准备。"裁判宣布结束离开大窝，走到队员身后，再呼喊："准备！"队员双手握竿躬身于小窝前。裁判"瓦窝"一叫，众队员赶球，阻拦他人的球路，场上一片欢呼声。先进"大窝"者为胜，胜者高呼"换窝啦"。这时凡未进大窝的队员回头再向大窝推球进球。参赛人数一半进大窝者，为胜方。负方每人要向胜方进贡球一个。进贡球的方式与踢过河球相同。

"打篾鸡蛋"的过程中，跑、跳、踢、拍、掷、托、扣、抛、赶等技法的运用，对身体是全方位的锻炼。其融竞争性、技巧性、趣味性、观赏性、普适性于一体，在活动中联系情感、表达团队情谊。2007 年 5 月 29 日，"打篾鸡蛋"被列入贵州省第二批省级非物质文化遗产代表作名录。

（陈道样搜集整理）

二、苗族民俗文化旅游产品

（一）苗族概况 [①]

贵州是苗族人口分布最多、最广的省份，可以说贵州是苗族的大本营，贵州的九大地州市几乎都有苗族分布。其中黔南、黔东南、黔西南是以苗族和其他少数民族共同命名的自治州，在贵阳、遵义、毕节、安顺、铜仁、六盘水等地区内也有以苗族和其他少数民族共同命名的自治县、自治乡。

遵义的苗族人口数量，较黔南布依族苗族自治州、黔西南布依族苗族自治州和黔东南苗族侗族自治州的要少。据第六次人口统计，遵义苗族人口共计 261673 人，占遵义市总人口 4.27，其中务川、道真最多。务川 124470 人，主要居住在濯水、涪洋、茅天、镇江、牛塘、蕉坝、过江、当阳一带；道真 58468 人，主要居住在玉溪、梅江、凌霄、水石脚、洛龙一带；凤冈苗族有 12932 人，主要居住在绥阳、新建一带；仁怀 9882 人，主要居住在茅坝镇、中枢镇、鲁班镇、五马镇一带；正安 945 人，主要居住在石井、市坪、上关一带；余庆 8550 人，主要居住在花山、白泥镇、哨溪一带；桐梓 5943 人，主要居住在马鬃、夜郎、黄莲、水坝塘一带；遵义县 5734 人，主要居住在洪关、泮水、金竹一带；习水 4890 人，主要居住在岩寨、土河、白泥、回龙、良村、大安、民化、龙灯、星文一带；赤水 3818 人，主要居住在大石乡、高山、虎头乡一带；湄潭 2504 人，主要居住在茅坪一带；中心城区红花岗区 7051 人，汇川区 6796 人，主要居住在板桥、金鼎等地。1987 年，遵义市成立了务川仡佬族苗族自治县和道真仡佬族苗族自治县。另有 6 个苗族自治乡：1954 年成立桐梓县马鬃苗族乡，1956 年成立仁怀市后山苗族布依族乡，1984 年成立遵义县洪关苗族乡，

① 参见中共遵义市委统战部编著：《历史资料文集 遵义少数民族》（内部资料），2016 年，第 19，20，25 页。

1986年成立余庆县花山苗族乡;1987年成立正安县谢坝仡佬族苗族乡和市坪苗族仡佬族乡。

遵义的苗族有白饰苗族(穿白色衣裙的苗族)、红饰苗族(穿红色衣裙的苗族)、蓝饰苗族(穿蓝色衣裙的苗族)、汉苗等分支,属西部方言支系(川滇黔方言)。红苗自称"蒙那";蓝苗自称"蒙杀",白苗自称"蒙格楼",汉苗自称"蒙兜",四支苗族中,以蓝饰苗族最多,主要分布在仁怀的五马、后山、茅坝和遵义县的洪关、马蹄、泮水、枫香、三河、松林等乡镇。红苗次之,主要分布在遵义县的板桥、泗渡,桐梓县的马鬃,湄潭县的茅坪,正安县的土坪和绥阳县的滥坝等乡镇;汉苗人口也较多,主要分布在赤水市的大同和习水县的醒民等乡镇;白苗较少,主要分布在遵义县的泗渡、沙湾,桐梓县的黄莲,绥阳县的滥坝和正安县的土坪等乡镇。

(二)物质民俗——马鬃红苗服饰民俗

马鬃苗族乡,位于遵义市桐梓县东北面,距县城26公里(政府所在地),东经106°57′,北纬28°15′。西面与大河和楚米镇相连,南面与茅石乡毗邻,东面与绥阳县的宽阔镇接壤,北面与新站镇相接,是全县唯一的少数民族乡。

马鬃苗族乡,属于中亚热带高原季风湿润气候,平均气温12.5摄氏度,全年无霜期短,日照时间短。年均降雨量950—1150毫米,最高海拔坪庄村1698米,最低海拔同良村900米,相对高差798米,平均海拔1350米,全乡地貌主要为丘陵和山间盆地。全乡耕地面积2769公顷(折合41536亩),其中灌溉水田3.18公顷(折合47.7亩),望天田260.07公顷(折合3901亩),土2507.32公顷(折合37609.8亩),所以是以旱地为主,全乡有林地57252亩,其中原始森林4000余亩。303省道贯穿而过。

全乡居住苗、汉两族人民2025户,共8465人,共有47个村民组,分布在10个行政村中,其中中岭、中

马鬃苗族乡中岭村

岗、龙台三个村为苗族（红苗）聚居，共 374 户，1521 人，这些红苗大概于 20 世纪 20—30 年代从重庆綦江迁移过来，迁到马鬃乡已有八九十年了，苗族人口占全乡总人口的 18%，这三个村中的苗族有 9 个家族，分别是：杨、熊、马、李、向、王、侯、古、陶，其中杨家是其中人口最多的。

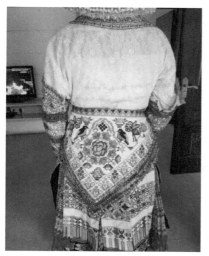

马鬃苗族乡红苗服饰

笔者与穿着红苗服饰的姑娘

（图片说明：图 1，图 2，盘盘帽；图 3，花袖子）

图 4，飘带；图 5，围腰；图 6，市场上买来的布做的裙子；
图 7，自家纺的土棉布做的裙子

　　马鬃红苗服饰，由帽子、上衣、飘带、围腰、花帕、花袖子和百褶裙构成，红苗服饰与黔东南苗族服饰最大的区别在于，红苗服饰上无银饰品。传统的红苗服饰上衣主色为白色，现在的红色则是改进后的，传统的红苗服装裙子是纯手工蜡染的百褶棉裙，于重大节日才穿，每次穿完后都要将裙子折合好后，再用针线装订定型，因为棉布裙子如果不定型，则容易散开。为了便利，很多人现在都用市场上买来的的确良布制作裙子，因为用的确良布做的裙子的折痕则较持久不容易散开而恢复原样。

　　红苗女性未婚和已婚的服饰是有区别的，未婚女性的服饰的袖臂上会有珠子，已婚女性的袖臂上就没有珠子。马鬃红苗服饰的制作工艺主要是十字挑花和蜡染，其中飘带、围腰、花帕、花袖子以十字挑花为主，百褶裙以棉麻布为料，用蜡染工艺染成几何图案为装饰，2007 年 5 月 29 日，马鬃红苗刺绣被贵州省人民政府公布为第二批省级非物质文化遗产。2008 年 6 月，成为第一批国家级非物质文化遗产扩展项目。

（三）社会民俗——岁时节日民俗、民间游戏娱乐

1. 岁时节日民俗

（1）踩山节

踩山节，苗语叫"我道"，是遵义苗族极为隆重的节日。遵义各地区的苗族举行踩山节的具体日期和时间长短都有差异，但大都在每年农历正月期间或农历 7、8 月举行。届时，男女老幼都会身着民族盛装，携带芦笙，聚集在踩山坪，由家族中的祭祀者迎请祖先，进行祭神还愿，年轻人则载歌载舞，交朋结友，谈情说爱，气氛十分活跃。除本民族外，外民族的、外地的人们都会来参加。仁怀后山深山堡、遵义县洪关踩山坪和桐梓马鬃岭的苗族都过踩山节。

2019 年端午期间，我们调查小组来到了桐梓县的马鬃苗族乡。在马鬃乡的马鬃岭这个地方，看到了一个很大的祭祀广场，这就是马鬃红苗过踩山节的地方。在这个有半个足球场大的广场上，首先映入眼帘的是一根很高的汉白玉柱子，以及一根木头杆子。中岭村的杨支书向我们介绍了这个广场和这个祭祀柱的由来，他说，2017 年森航地产投资将这个场地进行了硬化处理，并在广场中

祭祀广场上的祭祀柱、花杆

179

心竖了一根祭祀柱。这根祭祀柱是在县文广局的原局长和森航地产董事长的指导建议下竖立的，并且也接受了来自黔东南的苗族专家的意见。杨支书说这个高 18.8 米，直径有 30 多厘米的柱子叫作蚩尤祭祀柱，它由三部分组成，最底层的柱础做成了一个铜鼓的样式，鼓腰、鼓足、鼓的裙摆都做得很逼真，柱子的中间部分则刻有很多民俗活动、生产生活情景的图案，以及山川、河流、祥云、房子等生活环境的图案，从底到上依次是：划龙舟比赛，赛马、斗牛、射箭、吹芦笙、跳舞、唱歌，柱子的最顶端则有两面拼构而成，一面是一个牛头图案，另一面则是蚩尤的人头图案。在这个柱子旁边，竖了一根用杉树做的高 6.8 米的花杆，花杆的前面有一枝柏香树的树枝，还搭建了一个类似土地庙的小棚子，刻有一副对联，上联为"神圣一山常赐福"；下联为"祖德千古永流芳"；横批为"锦绣山河美"。祭祀广场的周围挂起了代表九大家族的九面铜鼓和九个芦笙雕塑，每面铜鼓上都写有各大家族的姓氏。此外，在这个广场周边的汉白玉栏杆上则用一个个小铜鼓进行了装饰。

（图片说明：这些图片均来自观看 CCTV-7 军事农业频道
《乡土》后山苗寨爬花杆 20160830 的截图
图 1，从山上将砍好的适合做花杆的杉树抬下山；图 2，将花杆抬到祭祀
广场；图 3，立花杆；图 4，在花杆顶的竹子上系上彩色飘带）

杨支书介绍说，踩山节的开展是围绕花杆展开的，以前广场未做硬化之前，每年到了正月初一至初五或农历六月十九，马鬃乡红苗的九大家族的族长都会在前几天就聚集起来商议这次轮到哪个家族操办采山节的事宜，商定后，采山节的所有过程就都由这个家族全权负责，包括到深山中去找适合做花杆的树木，选定后，会先举行一个祭祀仪式，而后把花杆砍倒后"请"回村子内放在当地有声望的人家。到立花杆那天，承办人约请家族里年轻壮汉，手捧香烛纸钱，将约 2 丈高的花杆树立到场地中央，花杆顶上做一个方框木架，如同红苗妇女头上的盘盘帽，杆身上则挂一些红飘带，杆前设祭祀香坛，插柏香树枝。柏香树在生活中，其籽是红苗妇女用来蜡染衣裙的原料，此外柏香树多籽，谐音为多子。马鬃乡、后山乡的苗族都是用杉木做花杆，因为他们认为杉木长得快，生命力旺盛，所以就寓意儿孙发达，家族兴旺。

　　杨支书说，竖花杆，进行祭祀，他们红苗是在纪念自己的一位女姓祖先。相传在很久以前，一位勤劳、美丽、善良的红苗妇女到山上去干活，可是很久都没回来，因为平常她在村里尊敬老人、善待儿童，经常帮助大家，大家都喜欢她，敬爱她，就想在村子的最高处竖立花杆，系上红飘带，希望她看到花杆后，能够回来……后来就演变成了红苗竖立花杆祭祀自己的祖先。人们祭祀花杆，结了婚的妇女祈求祖先保佑多子多福；未结婚的姑娘则祈求聪明美丽；家事不顺的人、做生意失败的人祈求能够勤劳致富……

（图片说明：这些图片均来自观看 CCTV-7 军事农业频道《乡土》后山苗寨爬花杆 的截图，图1，祭祀花杆；图2，图3，爬花杆表演）

　　而在仁怀后山村的苗族中，流传着这样一个故事，说是在很久很久以前，当地有一富户姓黄，生有一乖巧美丽的女儿名金娥，整天都在花楼上绣花，不能外出。花楼正对着后山，每天早上，金娥姑娘都会听到有一只喜鹊在后山上最高的一棵树上叫。她像着了迷似的，一天天吃不下饭，喝不下水，日子长了，身体渐渐消瘦下去。黄老爷见女儿病重，寻医问药无果，观察数日得知原来女儿是被山上的喜鹊精迷住了心，于是黄老爷派人上山去找苗寨寨主商量对策。寨主回家后把这桩事告诉了儿子兰郎，兰郎自告奋勇地上山把喜鹊精从树上射了下来，带到黄老爷家，将喜鹊精熬成药给金娥喝，金娥喝后病治好了。金娥病好以后，非常感激苗寨寨主和他儿子的救命之恩，并对兰郎爱慕不已，便想要以身相许。但是，兰郎自黄老爷家出来以后，就外出了，他喜欢到外面闯荡，有时几个月，有时一年半载才会来，他的家人也不知兰郎到底去了何方。金娥从花开等到花谢还是不见兰郎回来，于是就在正月初一那天，让父亲派人选出一棵有千根头、万枝尖、形如一雨伞的大树，栽在后山平坦的一个小山堡上（踩山堡），并在树枝上系上彩色布条。居住在各地的苗族男女青年闻讯后，就从各地赶来踩山堡，他们围着这棵大树唱歌、跳舞、吹芦笙、吹木叶、吹口弦、吹箫。而正巧兰郎也回来了，他来到踩山堡见到了美丽的金娥姑娘，而在踩山堡等着的金娥姑娘也看到自己的救命恩人兰郎，两人都高兴地看着对方，急切地朝对方走去。黄老爷和苗寨寨主都为自己的儿女能找到合适的另一半而高兴不已。从此以后，每年正月初一至初五日都要举行踩山活动，一是为纪念黄老爷的女儿金娥和苗寨寨主的儿子兰郎有情人终成眷属，二是为年轻的姑娘和小伙子提供寻找另一半的机会和平台，从此也就形成一个保存至今并为苗族青年男女十分喜爱的文娱活动 ①

　　杨支书说，在以前，踩山节结束后，马鬃苗族不论男女老幼都会聚集到马鬃岭，参加倒花杆，而现在广场硬化以后，竖起了一根汉白玉蚩尤祭祀柱，并将那根杉树花杆也进行了固定，故倒

① 胡小康：《仁怀后山苗族爬花杆习俗调查与研究》，《学理论》（上旬刊），2016年第3期，第155—156页。

花杆仪式就没有了。

（2）苗族过年[①]

遵义苗族过年，与当地汉族基本相同，但有一些仪式，则体现了他们的一些远古的记忆和一些信仰文化，还有他们与自然界里的动物、植物的和谐共生……

除夕夜，饭菜做好，他们先用九张火纸包点饭扔在灶内烧掉，认为这样做了来年会少生饭蚊。接着当家的人盛上一大碗米饭，挑三片肉放在饭上，唤上自家养的狗，围着房屋转三周，边走边念，"金银魂来，粮食魂来，牲畜魂来，娃儿魂来，全部起来，来我们去过年啰"。转三周后，将饭端到柜子里，然后舀一碗饭喂狗，让狗先过年。为什么要先将饭拿给狗吃呢，传说苗族早先是没有五谷的，狗漂洋过海到西方去取五谷种，狗在五谷种堆里滚几转，让五谷藏在狗毛里带回来。可狗在回来的路上，要渡过一片海，身上的五谷种就全掉进大海里了，而只有尾尖未被海水淹着，最后才将藏在尾尖上的几粒种带了回来，所以苗族认为五谷是狗带来的，应让狗先过年。

新年初一，苗族认为不能打扫卫生，如果扫了地，一年都会生跳蚤。正月十四晚上，主人要到山上摘取一抱"爆乞蛋（女贞树叶）"在屋里燃烧得"噼噼啪啪"响，并要用扫帚到各间屋子里去扫一下，象征将屋里的跳蚤全扫进了火堆里，还要边扫边念："跳蚤、跳蚤、快快出去…"。意为已将跳蚤清灭干净，新一年不会再有跳蚤。正月十四过大年，程序和过年一样，只是气氛稍淡。吃了年饭后，主人要带领全家人，唤起狗，点燃一把香和九支蜡烛到自家土地里去追蝗虫，边追边将香烛点燃插在地里，意为把蝗虫等一切害虫追走，来年庄稼免遭其害以获丰收。

2.民间游戏娱乐

（1）斗脚舞[②]

斗脚舞又叫扭斗，是习水苗族在各种娱乐时所跳的一种体育舞蹈。可分为两人斗脚舞和四人斗脚舞。从动作类型上可分为碰脚、勾脚、摆脚、拐腕、抖膝、扭腰、摆肩等动作；从动作部位

① 参见中共遵义市委统战部编著：《历史资料文集 遵义少数民族》（内部资料），2016年，第76页.

② 参见中共遵义市委统战部编著：《历史资料文集 遵义少数民族》（内部资料），2016年，第94页.

上可分为脚外侧、脚内侧、脚后跟、脚背、膝盖、臀部、肩部、头部。完整的斗脚舞共有 11 个动作：右脚内侧（男女同）—右脚后跟—脚内侧—脚后跟（重复）；男左女右（或男右女左）—四脚合一；男右女左（或女右男左）两两相靠—脚外侧—脚后跟—脚外侧—脚外侧—脚内侧（重复）；男右女左脚内侧—男左女右脚内侧—脚外侧—脚后跟；男左女右（或男右女左）脚后跟—两两相碰；两女脚外侧—两男脚外侧；四只脚勾脚—交换脚；男左女右碰膝盖；臀部两两相碰；肩部两两相碰；头部两两相碰。斗脚舞动作节奏感强，趣味性强，人体各个关节部位都得到活动。

（2）滚山珠 [①]

滚山珠俗称滚水碗，由祭祖滚牛皮演变而来。用 5 对碗碗底对扣摆成直径 70 厘米的圆形，上面的一个碗装满水。表演者吹奏芦笙，围着碗的圆周跳跃。然后头顶在圆圈中心，脚在圈外，仰身呈弓形，悬空翻滚，身躯任何部位不碰碗，不沾水，芦笙紧奏不绝。滚圈后，双脚离地，倒立圈内，一个筋斗起立于圈外。另

图片来自观看 CCTV-7 军事农业频道《乡土》后山苗寨
爬花杆的截图，正在做滚山珠表演

① 参见中共遵义市委统战部编著：《历史资料文集 遵义少数民族》（内部资料），2016 年，第 95 页.

一种跳法是，在场地上安放 4—6 只盛满酒的碗，每碗间隔 20 厘米，舞者多用"四方""三丁""五丁"步伐，吹着芦笙于两碗间狭窄的空道窜行；还可表演"吹笙倒立""蛤蟆晒肚"等高难动作，是一项难度很大的杂技式文体项目。

（3）苗灯①

仁怀一带盛行的花灯舞，也称唱跳结合的民间歌舞。道具有两个排灯和 6 个官灯，芦笙伴奏，也可以锣鼓伴奏。每年正月初至十五，灯班走村串寨或坐堂演唱。表演形式常有 3 种。一种以 10 人左右组队，于场坝演唱，两名男主角表演，其余的人一半吹奏芦笙，一半和唱灯词，也可 1 人领唱众人和，均用苗语。二是全体演员同舞同唱，先两人一组对舞，再分两排对舞，后再绕圈同舞。三是只有两个男角或两个女旦表演 (不可以一男一女同台表演)。先是 2 人同跳一阵芦笙舞，然后手持芦笙 (不吹奏) 边舞边唱一段花灯词，两种方法交替进行，循环往复，适可而止。花灯词段甚多，除通用的恭喜发财、朝贺新春、庆祝吉祥之词外，还可结合各家的职业、身份和当时形势等即兴而作，编唱一些与之相适应的唱词。请唱"坐堂灯"的，点唱其喜欢的唱段或一二折古戏。苗灯演唱形式生动活泼，舞姿优美矫健，唱词诙谐有趣，曲调娓娓动听，兼有芦笙和汉族花灯舞之长。

三、土家族民俗概况

（一）土家族概况②

土家族主要分布于贵州、重庆、湖南和湖北的毗连地带，土家族这一族称的出现是在 1956 年 10 月，由国务院正式确认的。土家族自称"密基卡""毕兹卡"或"贝锦卡"，意为"土生土长的人"。土家族的语言属于汉藏语系藏缅语族，语支未定，但接近彝语支，分为南部方言和北部方言。土家族没有本民族文字，由于土家族历史上汉化较早，长期以来使用汉文，传统土家族服饰已经基本消失。由于表演的需要，现代的土家族服饰大多各自研

① 参见中共遵义市委统战部编著：《历史资料文集 遵义少数民族》(内部资料)，2016 年，第 96 页.

② 同上.

制不同款式，种类非常繁多。有的地方不断地借鉴贵州，湖南等地的苗族银饰以及苗族服饰改良成土家族服饰。

贵州的土家族主要集中分布在黔东北地区，主要分布在印江、江口、沿河、德江、思南、铜仁以及遵义地区的务川仡佬族苗族自治县、道真仡佬族苗族自治县和凤冈县等地，其中分布最多的是铜仁地区。

（二）物质民俗——饮食民俗 [①]

（1）绿豆粉

绿豆粉，又称锅巴粉，是土家族的一道美食。是以大米和绿豆作为原料，经特殊加工制作而成。其颜色翠绿，吃起来有嚼头、有劲道，闻起来有一股淡淡的米香和绿豆香。绿豆粉的制作是很有讲究的，要经过"泡、磨、烙、烫"四道工序。首先是"泡"，将粳米与绿豆按 80：20 的比例分别浸泡，待在清水中浸泡两天后，米粒变软，豆皮渐渐漂浮在水面上，再将米从水中淘出，并搓去豆皮；然后是"磨"，用石磨将粳米和绿豆磨成浆状；接着是"烙"，烧柴火，架大铁锅，在大铁锅内抹上菜油，将适量米浆和绿豆浆均匀倒入铁锅内，用木刮或锅铲将锅内的米浆平整的刮成薄薄一层，然后加上盖子，两、三分钟后，一张形状如大铁锅底的绿豆粉皮就做好了，将其从锅中取出晾于竹竿上，待冷却后，再将其卷成扁筒状，切成如筷子宽的条状。最后一步则是"烫"，吃的时候，只需将切成条状的绿豆粉，在开水里烫一下即可。烫绿豆粉也是有讲究的，首先用一口大铁锅烧上清水，待水开后，用大竹筷夹起一卷绿豆粉放进水里，烫约 10 秒后，然后飞快地用漏勺捞起，待水沥干后，再放进大碗里，接下来就是加调味的佐料了，绿豆粉的佐料必需是用新鲜肉末加豆瓣煸炒，然后再加入骨头汤，放入香菌熬制而成。在绿豆粉上面浇上香菌肉末汤，再洒上葱花，姜末、再配以

① 参见中共遵义市委统战部编著：《历史资料文集 遵义少数民族》（内部资料），2016年，第 100，101 页.

香醋和酱油，一大碗色香味俱全、让人垂涎欲滴的的绿豆粉就大功告成了。绿豆粉不仅好吃，还具有清热解暑的功能，在气候较炎热的地区尤其受人们喜爱。在凤冈县的农村，不论土家族、汉族，一到节庆日子，各村寨、各家户都要做绿豆粉，所以走在寨子里，到处都是一片磨浆声。

绿豆粉的吃法多种多样，有加汤吃的，也有干吃的，在凤冈县就流行干吃，取名"干馏绿豆粉"。

（2）花甜粑

花甜粑是土家族喜爱的一种美食，制作工艺独特，味道香甜。花甜粑还有一个特点是，耐放，便于储存。所以将花甜粑蒸熟，待凉透后浸泡在盛满清水的水缸里，一直可以吃到第二年的农忙季节。 其制作流程比较复杂：首先按照 2:1 的比例选择上等的糯米和粳米，放入水中淘去米糠，再换干净的清水进行浸泡，一直要等到水中的米发泡时再磨成细粉，然后从细粉中取一些放入水中煮成浆糊状，再撒入干面粉，均匀搅拌，最后成为团状。将面团放在案板上，用刀切成若干并擀成薄片，并将每片面片上都均匀涂上可以食用的红色或其他颜色。根据自己所做花样的需要，将这些着色的面片以三层、四层、五层不等重叠在一起，然后再将叠好的面片卷成圆条挞合在一起，用一条预制好的薄竹片，在圆条的周围向内压数条细槽，再将细槽用少许水抹湿挞合，再用一层涂色面片，包在挞合的圆条上，然后再挞合，最后把挞合的圆条切开，便能清晰地看见所做的花样了。由此可见挞合花甜粑是非常辛苦的，所以制作花甜粑也必须由家中有力的成年男子来完成，否则做出来的花甜粑则会因力气不够，而导致花样变形或者根本就无法成型。花甜粑可以制作出很多花样，如花、鸟、鱼，还有福禄寿喜等吉祥文字。花甜粑的最后一道工序就是蒸熟。将做好的花甜粑放在一个编好的竹蒸笼里，一般用大火蒸大约三个小时，即可出笼。这样一道味道可口的美食就算完成了。花甜粑反映了土家族丰富的祝福意愿和伦理观念文化，制作的各种花、鸟、鱼等图案，反映了土家族万物有灵的观念，花草树木鸟兽虫鱼跟人一样都有灵魂，具有一种神性，可以成为他们生活的庇佑，因此有着一种敬畏和尊重。制作的花样如汉字"吉祥平安"等则表达了他们渴望安定祥和的生活状态。

（三）社会民俗——岁时节日民俗、民间游戏娱乐

1. 岁时节日民俗①

（1）过赶年

黔东北土家族在每年腊月二十九日（逢月小时则为腊月二十八日）过新年，因比汉族提前一天，所以叫作"过赶年"。也叫"过早年"，这是土家族特有的节日。道真、务川、凤冈等土家族聚居地方至今仍保持着"过赶年"的习俗。即每年农历年底要比汉族提前一天，在除夕前一日过年。传说有二：一说明代，倭寇侵扰沿海地区，朝廷用兵在即，限土家族兵腊月底出征，土家族只得提前一天过年吃团圆饭。因要赶时间，就用甑子混蒸饭肉，一层米一层肉，肉不细切，只宰成坨坨，和上佐料，称为"连刀肉"；菜也只能做"合菜"，将肉丝、猪杂、豆腐、粉条、萝卜、白菜等合煮一锅。土家族兵按时出征，履建战功，击退倭寇保卫了祖国安全。一说土家族人古代住在鲜花盛开、牛羊成群的山寨，官府要赶走他们，他们勇敢抗争坚持了 3 年半。一年，他们提前一天杀猪宰羊，备酒设宴，狂饮一餐，酣睡一觉，过好团圆年。次日，趁官兵过年，喝得酩酊大醉，土家族人冲进兵营，杀声震天，官兵惊恐万分，逃离村寨。

土家正月初二三才杀鸡欢庆节日，同时上山围猎，一直玩耍到十五。为了纪念这一胜利的日子，土家族人议定世世代代提前一天过年。过赶年的这天傍晚，年饭摆在堂屋里，全家男女老少头戴斗笠、身披蓑衣、手执梭镖和斧头围着屋子周围跑一圈，然后再进屋吃年饭。因此，过赶年这一年节又称为"蓑衣年"。

（2）山王节

据传，山王生于夏历三月十六日，其身三头六臂，坐骑为虎，能为民取回失去的魂魄，并保六畜不受虎狼伤害。土家族既

① 参见中共遵义市委统战部编著：《历史资料文集 遵义少数民族》（内部资料），2016 年，第 97、98、106-108 页。

敬山，又敬白虎神。俗有"山王不放口，老虎不敢咬猪"的说法，故于山王生日，以猪头、雄鸡（杀死留尾羽三片不扯），或鲜鱼，配足"三牲"，对天或赴庙敬祀，祈保六畜兴旺。境内山王庙基多，仅道真上坝土家族乡即有16座。

（3）四月八

四月八是土家族人祭祀"牛佛"和嫁毛虫的节日。说这天是"牛佛"的生日，要让牛休息，用鸡蛋、白酒、稀饭、青草等精料喂牛。各家同时买肉、打酒、杀鸡、做米粑，祭祀祖先农耕之苦。嫁毛虫，是用红纸折成花篮，上写"佛生四月八，毛虫今日嫁；嫁到深山去，永世不归家"，挂于牛栏外，寓意驱除虫害，四季平安。有的是用红纸两幅，分别写上这几句驱逐令，交叉贴在房柱或牛圈上。

2.民间游戏娱乐

（1）火龙舞

龙身制作与汉族龙舞相似。土家族接待玩龙队伍别有一番情趣。有些人家，闭门盘问龙灯根底，锣鼓根生，财门根由，金银根细，然后方开大门。有的以树枝立于大门，龙至，锣鼓声停，舞龙者同道一声"邦君树塞门"，主人领意。即撤树相迎。有的在大门前用板凳架一个字，舞龙人要用相应笔画另摆一个吉利字样方可进堂参香。有的在院坝按五方置五碗水，焚点香烛，舞龙参香出大门后参拜五方，以龙头灭烛饮水，称为"五龙戏水"。主人赏重金。一般在节日相庆是舞龙。

（2）穿灯舞

春节期间举行。白天舞狮，晚上穿灯，锣鼓伴奏。一般都要经过一番闭门盘问，才进堂屋穿灯参拜。三人执灯穿舞，舞步为"三穿花"。一人领唱，众人齐和，热闹非凡。遵义道真上坝土家族仍有人跳。

（3）牛舞

道真土家族人喜爱的舞蹈。春节举舞，亦可参加庆祝活动。

竹编头架，纸裱彩画，灰布为皮。一人背彩箩，内装青草，手挥镰刀，在前导舞；一人双手举"牛头"，摇头摆脑舞其后。导舞者领唱，锣鼓、唢呐队伴奏并助唱。唱词多为颂扬牛的奉献和丰收的场景，宏扬土家族爱牛、祭牛佛的传统习俗。遵义道真上坝土家族乡土家族在节庆时跳。

（4）船灯

船灯又名采莲灯，茶灯。盛行于凤冈等地土家族。角色分船工、官员、小姐、老者、采莲姑娘、小丑、妖精，以及"鱼、蚌、蟹"等，另外还伴有挑花篮、打梆子、耍钱竿等表演，阵容庞大，气势壮观。表演采莲灯，幺妹站船舱，手把船舷，娇容羞面，碎步进退；船夫于船前双手摇橹，神态诙谐，两人配合默契，作船浮水荡漾状。其他角色自作姿态表演。演唱方式为1人领大家和，唱跳交替进行，唢呐、锣鼓伴奏。采莲灯表演结束后，拉成大圆圈，钱竿队、花篮队、秧歌队、鱼蚌队（可伴多种队）逐一进圈表演。最后以"穿花"合唱而结东。曲调主要有《船灯曲调》《采茶调》《钱竿调》《车车灯调》等。船灯表演具有唱、跳、穿、扭、转等多种特点，深受群众喜爱。

调查组到桐梓县马鬃苗族乡调研，中间为马鬃乡梁副乡长

结语

　　将民族民间的民俗文化进行旅游开发，一方面是为了宣传地方的优秀传统民俗文化，一方面也是为了发展地方经济，为社会经济文化的总体发展服务，但几乎所有的民俗文化在服务于旅游开发时，都要经历从文化到旅游产品的转化过程。民族民间的一系列自在的民俗文化，在服务于民俗文化旅游时，要经历一个服务于旅游市场的适应过程，要成为一种可以进入资本改造，实行产品标准化，可以在多个地方复制的文化产品，即民族民间的民俗文化要从民族民间的自在状态进入旅游市场可以"销售"的状态。故在本章中对民族民间民俗旅游产品的介绍，只是说明这些民族民间民俗文化具有在民俗文化旅游开发中成为一种旅游产品的可能性，或者说它们具有民俗文化旅游开发的丰厚潜质。其中物质民俗、社会民俗的每一项，都可以成为民俗文化旅游开发的对象，而且是可以进行深度延伸性开发的对象，比如其中的地方性饮食，可以进行一般性商品售卖，但在加诸饮食民俗之后，其产品的文化附加值却可以实现倍增。另外，其中的一些游艺性质的民族民间民俗，其本身的娱乐性就具有游憩本性，稍加改造就可以成为地方性旅游的重要文化产品。

　　注：文中图片如未作注，均由调查组成员拍摄

参考文献：

[1]钟敬文主编：《民俗学概论》，上海：上海文艺出版社，1998年。

[2]钟敬文：《民间文化保护与旅游经济开发》，《民间文化》2001年第2期。

[3]中共遵义市委统战部编著：《历史资料文集 遵义少数民族》（内部资料），2016年．

[4]政协道真仡佬族苗族自治县委员会编：《道真仡佬族民俗》，北京：中国书籍出版社，2017年．

[5]胡小康，《仁怀后山苗族爬花杆习俗调查与研究》，《学理论》（上旬刊），2016年第3期。

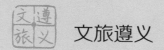

文旅遵义

第 七 章
五味俱全：遵义美食文化

遵义美食文化概述

美食文化是随着人类社会的发展而发展的，是一个国家和民族文明的重要特征。美食文化代表了一方水土，代表了一个地区人民群众的生活习惯。丰富多彩的美食文化是中华民族文化的重要组成部分，是我国的主体文化之一。

遵义，位于贵州省北部，是黔川渝三省市接合部中心城市，国家全域旅游示范区。遵义拥有丰富多彩的旅游资源，无论是赤水河畔的丹霞地貌、还是茅台镇的美酒，都会使旅游者醉而忘返。遵义不但拥有美酒、美茶、美景，还有众多的美食。

由于地理位置、物产、气候、民俗文化等原因，遵义食物偏好麻辣、香辣，也非常喜爱酸辣。目前遵义的美食文化既有一定的文化底蕴、又有独树一帜的风格。遵义的美食文化主要包括了粉面文化、火锅文化、洋芋文化、粑粑文化等，每种美食背后都有自己独特的内涵。

一、粉（米皮）面文化

遵义的大街小巷都经营着各种粉（米皮）馆、面馆，羊肉粉、牛肉粉、猪肉粉、绿豆粉、辣鸡米皮、和尚米皮、刘二妈米皮、豆花面等，应有尽有，难怪有人说遵义是一座粉面之城。在遵义各种粉面馆鳞次栉比，不仅如此有时候好几家粉馆开在一起，经营着相同或者不同的粉或米皮，每一家店都和和气气，座无虚席，生意兴隆。因为遵义人实在是对粉面情有独钟，一日三餐都可以吃粉。随便填饱肚子吃粉，家里办大事、喜事也吃粉。遵义人对于粉（米皮）面是深入骨髓地爱，粉（米皮）面是离不开的味道。

1. 羊肉粉

如果让遵义人从众多的美食中选一个代表遵义味道，那么一定是羊肉粉。羊肉粉是贵州地区一种著名小吃，也是当今大多数贵州人早午餐的最爱。虽然贵州很多地方都制作羊肉粉，但是遵义的羊肉粉绝对让食客赞不绝口。

遵义羊肉粉曾获得第二届"中华名小吃"称号。它的特点是羊肉瘦中带肥、香而不腻，米粉颜色呈乳白色、口感筋道，汤汁鲜红透亮，辣香味十足。在遵义市的大街小巷，羊肉粉馆随处可见，而且无论哪个时间段都是座无虚席。

传说在两千多年前，夜郎国王觐见汉光武帝时，向汉光武帝上奏，大娄山常年被云雾瘴气围绕，潮湿不堪，当地老百姓多患痹症，痛苦不已，很多老百姓甚至丧失劳动力，无法正常生活。因此汉光武帝派出医生张仲景到大娄山地区为百姓治病，医圣通过实地考察之后，开出了用羊肉为食疗的方法，用于御寒疗伤。从此之后夜郎地区的人民学会了吃羊肉驱寒除湿的方法。

而遵义人民为什么会选择用米粉搭配羊肉食用呢？这主要是

羊肉粉

公园路董公寺戴家羊肉粉

由于地理环境特点和物产。南方盛产稻米，智慧的劳动人民用稻米制作成除了米饭外形式多样的主食，其中一种就是米粉。加上南方地区水资源较丰富，太干的食品难以下咽，因此米粉一般都是做成汤面。贵州关于贵州米粉最早的记载是明末崇祯十一年，即1638年徐霞客在贵州游历时，在他的"黔游日记"中记录道："抵南崖，崖下有卖粉为饷者，以盐少许易餐之"。这说明贵州各地，包括遵义地区人们都习惯将米粉作为主食，搭配各种菜肴。

遵义羊肉粉之所以在各地羊肉粉中成为佼佼者，主要是米粉筋道、辣椒醇香、汤汁鲜美。首先遵义人最爱的羊肉粉，一定选用手工制作的粗米粉为主食。这种粉的品质如何，是看粉是否耐煮，煮一下就断掉的粉是不新鲜或者品质不好的。遵义地区煮粉叫"冒粉"或"烫粉"，食客进店的时候会喊一句："老板给我冒

羊肉粉

捞沙巷黄五羊肉粉

碗粉也！"粉装进竹制的大漏勺里，放进轻微冒泡、色泽浓郁的羊肉汤中，先随汤上下晃动两三下，除去米粉本身的酸味，然后随漏勺煮大约一分钟捞起，盛在瓷碗中。然后放上一层煮熟后手工切成大小厚度一致的羊肉片。羊肉片厚度约1毫米，软而不烂、肥瘦适中，太薄容易烫烂、太厚不容易入味。再撒一些盐、花椒粉、蒜苗、芫荽（这两种佐料一般是切好混放在一起，不放香葱）等。吃辣的朋友，会放一勺秘制油辣椒，而不吃辣的朋友也可以告诉店家不要油辣椒，老板会给你淋上香香的羊油。而遵义本地人多数还会加上一些桌子上自助的煳辣椒，这样才够味。遵义羊肉粉的第二个取胜秘诀就是辣椒。遵义地区食用的辣椒是产自遵义播州区虾子镇的虾子辣椒，虾子辣椒颜色鲜红，味道不仅辣味十足，而且辣味香浓饱满，吃后口有余香、回味十足，成为中国国家地理标志产品。虾子辣椒制作出来的无论是干辣椒面还是油辣椒都是香辣扑鼻，食用后让人大呼过瘾。这样做出来的羊肉粉，

羊肉粉的制作

上海路盖帽羊肉粉

不仅热气腾腾，香气扑鼻，而且营养价值丰富。遵义羊肉粉的汤汁鲜香无比，没有任何羊膻味，而且营养丰富，所以每位食客都忍不住喝完那一大碗热腾腾、香喷喷的羊肉汤。遵义人都觉得如果吃羊肉粉不喝汤是没有灵魂的。遵义羊肉粉一般用的是思南县一带产的矮脚山羊，因为这一带的山羊肉质细嫩，腥膻味少。鲜美的羊肉汤便是遵义羊肉粉取胜的第三个秘诀。

而现在羊肉粉对于遵义人不仅是一种美味，更是一种家的味道。遵义人特别爱吃羊肉粉，早中晚餐，乃至宵夜都可以吃羊肉粉。尤其在冬季，遵义人一定要吃一碗热气腾腾的羊肉粉，喝光鲜美的羊肉汤，既浑身暖和，又营养健康。在冬至这天，在遵义有一种习俗：就是市民都会出门吃上一碗羊肉粉。因为冬至这天你如果吃了羊肉粉，那么整个冬天都不会冷。老人也会告诉孩子们这个传统，将它延续下去。所以冬至这一天，你会看到所有的羊肉粉馆早早就排起了长龙。而每个从外地回家的遵义人，到家的第一件事一定也是要去吃上一碗羊肉粉，排解思乡之情。

鲜美的羊肉粉是遵义人民心里家的代名词。

2. 豆花面

豆花面是遵义人民独创的传统名小吃。面条很常见，豆花也不稀奇，但把软嫩的豆花和筋道的面条结合在一起，蘸着香辣的油辣椒吃，真是一种令人难忘的绝配！那种清柔软滑爽、辣香浓郁真是叫人难忘。在遵义市，豆花面馆遍及大街小巷，是遵义人最爱的早餐。众多的豆花面馆以老城的豆花面最负盛名。1958 年邓小平等中央领导人视察遵义时，还特地到老城品尝了豆花面。

遵义的豆花面据说起源于清代光绪年间。相传是一位行善之人专门为到湘山寺（遵义市内 AAA 级景区）烧香拜佛的人开的。老板一方面象征性地收取微薄的面钱，一方面研究怎样才能保证面条味美且能让香客吃饱。吃过的香客纷纷给老板提出一些自己的建议。一直到民国年间，逐步发展成现在的样子。

遵义豆花面，要在面条上盖着一团雪白嫩滑的豆花，而面条又浸在刚打出的豆浆之中。遵义豆花面里的豆花，是用贵州本地产的黄豆。清洗泡发后磨浆、熬煮、过滤并点化而成。遵义豆花面的豆花独到之处是在于点化，其他地区点豆腐或豆花一般是用胆水或石膏，而这里的豆花却是用窖水点化而成。这个窖水是用前一次点豆腐的水存放几天后成为酸汤而成，并且窖水使用得当可以循环利用。用这种方法点制出来的豆腐，没有石膏或卤水的苦涩味，比一般豆腐细嫩，又比豆腐脑紧实。所以细心的食客会发现，遵义豆花面里的豆花柔韧中带有一点酸味。其次是面条，遵义豆花面用的面是一种机制的碱水面，制作的时候会加入灰面、碱水、鸡蛋和盐，用手工反复揉拉做成面条。这种方法制作出的面条特点就是，下锅完全不会浑汤，吃进嘴里光滑爽口、嚼

公园路刘成祛豆花面

珠海路红城豆花面

豆花面

起来弹性十足。而面条的宽度也很有讲究，一定要选用"宽刀面"。这种宽约 1 厘米、厚度约 1 毫米的面条搭配豆花和蘸水，十分和谐。因为面条太细或太厚都会影响品味豆花的细嫩。煮面的方法也很重要，豆花面要用豆浆煮才正宗，而且这样面条会更加鲜甜。店家还会准备干净的豆浆，煮好面条放入豆浆代替传统面条汤。

　　而遵义豆花面的灵魂其实是那一份独特的蘸水。豆花面的蘸水不同于遵义人民吃其他食物的蘸水。遵义人民一般食用的蘸水都只有调料，没有食材。而豆花面的蘸水独特之处在于，它一定加入了浓香入味的猪肉臊子。肉臊必须用上好的猪腿筋肉切成丁，加入适量榨菜，放入适量甜酱、胡豆瓣酱等，最特别的是必须用混合油（将猪油和菜油按 1:1 的比例配置）炒熟、小火煨香，淋上本地特产的朝天椒炼出色泽鲜艳、香辣十足的油海椒，加上鱼香菜（学名：薄荷叶）、几颗香酥的花生米、香葱、盐和一点点味精，搭配出一碗鲜、香、辣的独特蘸水。这里要特别说说，每个豆花面店里的油辣椒的配料包是店家多年摸索出来的，绝无仅有。据说一般香料多达十几种，但是都是保密的，不传外人的。熬制时香料的配料很重要，熬好后，配料味既不能盖过辣椒的香气，还要能丰富油辣椒的层次，这样才会又香又辣。

　　遵义这款经典美食，一定不容错过！

3.遵义米皮

遵义米皮做法类似于汉中凉皮。大米磨成米浆舀入刷过熟油的蒸盘内摊匀蒸熟制成。但是又有不同之处，遵义米皮蒸熟，待凉后改刀切成2厘米宽的长条，汉中凉皮相对较窄。汉中凉皮筋道，遵义米皮软糯。遵义米皮颜色洁白，加上调料后香辣爽口，开胃生津。传说最开始为寺庙中和尚所做的素斋小吃，后流行于遵义地区，故又称和尚米皮，也称遵义米皮。又因为遵义人喜食辣椒，且讲究荤素搭配——即吃荤食时搭配素的煳辣椒蘸水，吃素食时则要搭配用油炼制为橘红色的辣椒，所以又叫遵义红油米皮。食用的时候用沸水烫一下，加入余熟的绿豆芽，再将大头菜、黄豆、葱花放于米皮上，再放入盐、味精、醋和按一定比例调制的姜蒜水，最后淋上红油辣椒、花椒油，就成了一碗香辣爽口的红油米皮。

米皮在贵州，尤其是遵义已经发展成为主食，而且有很多种口味及做法，比较有名的是"红油米皮""猪腿肉片米皮""香菇炖鸡米皮""辣鸡米皮"等。其中红油米皮的代表刘二妈米皮是遵义老字号的名小吃，它起源于20世纪90年代，是遵义最具代表性

捞沙巷红油米皮

刘二妈米皮

的小吃之一，曾获得遵义市第一届酒文化节"名优小吃"称号，在遵义的大街小巷随处可见。遵义人的饮食店取名习惯用姓氏加排行加性别加食材的方式，刘二妈米皮这个名字，在遵义人心中既是美食的代名词，又是满满的亲切感。刘二妈米皮的特点是米皮的筋丝很好，筋道绵扎有嚼头，弹性十足，不像有的米皮容易断成一小节一小节的。加上秘制的油辣椒又辣又香，配上肉丁、花生等既口感丰富又香味浓郁，不素不腻，开胃爽口。点米皮时，店家会问你要吃凉的还是热的，热的就是用热水烫一下米皮，凉的就是直接吃米皮，调料都一样，都非常美味。色泽鲜红的油辣椒，扑面而来的阵阵香味，又让人食欲大开，搭配瘦肉臊子，一定让你吃过脸上写满"满足"两字。

4. 鸭溪凉粉

鸭溪凉粉是遵义人非常喜欢的特色小吃。因为产自遵义市播州区鸭溪镇而得名，是黔北凉粉的代表。好吃爽口的鸭溪凉粉一定选用顶级的豌豆制作，豌豆品种的不同会形成凉粉颜色差异性。鸭溪凉粉多数选用黄豌加工而成，这样制成的凉粉才会质地细腻、入口难忘。首先将优质豌豆经过水泡、细磨、滤渣、煮制，待其冷却成形之后，切为薄薄的长条状，吃的时候放上大蒜制成的蓉、制成的蒜水、店家特制的酱，再用秘制的油辣椒均匀地淋在上面，一碗鸭溪凉粉就做好了。正式食用之前，可以先尝一下凉粉本身的香、糯、甜、爽，然后拌匀吃一口下去，凉粉爽滑香辣的口感立刻在口中旋转跳跃。不同于米粉、米皮和面条筋道绵柔，凉粉有一种入口即化的口感，就连牙口不好的老年人也都可以轻松品味这一美食。

鸭溪镇上有很多做凉粉店和摊子。但是其中无论卫生口感，最出名的要数位于鸭溪镇马家巷子的"范家

鸭溪凉粉

鸭溪凉粉

凉粉"。鸭溪凉粉因为入口爽滑、消暑开胃，所以在遵义乃至贵州很多地方都能吃得到。

　　鸭溪凉粉在放调料时看似简单，放上姜蒜水、调味酱和油辣椒，再加上一点葱花即可。但是不要小看了调味酱和油辣椒，这是鸭溪凉粉味道的关键。每个店家都有自己特制的调味酱，这是融合了咸、鲜、香等多种味道的神秘酱料，放上一些味道鲜香十足。其次是店家自制的油辣椒，每一家鸭溪凉粉店都有自己独特的油辣椒制作方法。不管是哪家制作的辣椒油，他们都有一个共同之处就是，辣椒细腻、香辣入味。鸭溪凉粉所用油辣椒和一般油辣椒成品形状不太相同，这里的油辣椒看不到辣椒原始的形状，它是经过打磨成粉状炼制而成。这样的细腻如芝麻酱一般的辣椒油，可以完美地附着于每一根凉粉之上，保证凉粉根根入味，香辣爽口。

　　鸭溪凉粉，从豌豆到辣椒、从绿豆芽到葱花到蒜头均是来自自然，绿色无污染，充分体现了人类对大自然简单的搬运与回馈，也是营养搭配的典型代表。凉粉的豌豆浓香沁人心脾，辣椒的香辣味甘回味无穷，调味酱的酱香浓郁提味爽口，让人难以忘怀。

5.湄潭绿豆粉

绿豆粉在遵义湄潭县历史颇久，清末民初已遍及大街小巷。湄潭绿豆粉是用绿豆和大米制作的，因其制作方法不同，又可以分为盘子粉和锅粑粉。在食用的时候把粉放入沸水中烫热即可盛起，加上店家特制的臊子，可以选择辣鸡、肉末或脆臊等，如果能再加上一些酸菜，更是别有一番滋味。优质美味的绿豆粉，绿豆与米的比例一定是1：5，米一定要用优质的本地米，肉臊子一定是用上好的坐墩肉制成，再加上自制的酸菜，一碗热气腾腾的绿豆粉端上桌，就能闻到绿豆的清香，扑鼻的香味直挑战你的味蕾，让你忍不住细细品尝，绿豆粉软糯爽滑，咸辣适当，鲜美可口，再喝上一碗清甜的豆浆，这样的美味谁不爱？

此外，还可以品尝素绿豆粉、羊肉绿豆粉等，吃法非常丰富。绿豆粉已经成为湄潭当地群众逢年过节必不可少的食品。

绿豆粉

6.冰粉

冰粉虽然叫"粉",却和前面介绍的粉是截然不同的食物。冰粉不是主食,而是一种小吃。它是利用一种叫假酸浆的植物的种子制成的食品。假酸浆是一种草本植物,既可以食用也可以作药用,用作药可以起镇静、祛痰、清热解毒的功效。食用时是将它种子用水浸泡一定时间后反复揉搓,然后滤渣,凝固一段时间后便成了冰粉,是一种西南地区很受欢迎的夏季食品。

遵义的冰粉美味之处在于,首先,遵义冰粉属于传统冰粉。冰粉是用纱布包着冰粉籽搓出来制成的,吃起来弹性十足,又有点像豆腐脑一样的细嫩,并且会带着天然的植物香味。有的地方的冰粉会用冰粉粉兑制,不仅没有天然的香味,而且冰粉明显质感很硬,口感差太多。所以遵义很多冰粉都叫野冰粉,因为冰粉种子是生长在野外的天然食材。辨别冰粉是否是手工制作的最直观的方式,是看冰粉上的气泡:手搓冰粉会有不均匀的小气泡,而且颜色偏黄,形状不规则。

其次,有别于四川和重庆的冰粉一般放黄糖,遵义的冰粉

冰粉

放的都是天然蜂蜜或玫瑰花酱。遵义最好吃的玫瑰花酱冰粉首推谢三哥玫瑰冰粉。小店位于毛主席旧居旁的巷子里，老板是一位特别热情憨厚的年轻人。他们家冰粉在遵义非常出名，大部分爱吃冰粉的遵义人都吃过。冰粉内放入了自己手工做的玫瑰酱，甜而不腻、香而不俗。还有位于万里路的一家冰粉店，遵义人都习惯叫它市医院野冰粉，因为位于原遵义市市医院（现在的红花岗区医院）对面。他家的冰粉在遵义市也是非常出名的。这里卖的是纯蜂蜜调制的素冰粉，冰粉配料简单，加上冰块看起来非常干净。最重要的是冰粉搭配的蜂蜜分量非常重要，少了口感不好，太多就会有一些甜腻，这家完全不会，口感掌握得刚刚好。这样一份冰粉不仅解渴，而且很清甜。

捞沙巷冰粉

最后就是加入的配料不同，四川和重庆的冰粉配料丰富多变：有水果、糍粑、醪糟等。而遵义的冰粉分两种：素冰粉和水果冰粉。大部分遵义人更喜欢素冰粉，喜欢冰粉本身的味道和口感。素冰粉看似简单，但是却清凉解暑、恰到好处。一份素冰粉首先放入适量冰粉后，加入黑糯米、绿豆、花生米和芝麻，然后放入适量矿泉水和冰块，最后加入天然蜂蜜。冰粉中的黑糯米绝对是一大亮点，软糯可口，加上炒得香味十足的花生和芝麻，既可以解暑，又有饱腹感，是遵义人民夏天最爱的食物。夏天你随处可见遵义人，特别是年轻女性，点上一份小吃，必须搭配一份冰粉，吃得不亦乐乎。

二、火锅文化

遵义人民爱吃的火锅和重庆、四川的火锅不一样。它主要分为两种：汤锅和干锅。在遵义汤锅品种丰富、风格迥异。最有特色的汤锅有乌江鱼火锅、腊猪脚火锅、豆豉火锅、豆腐皮火锅、豆米火锅等。而干锅最初起源于四川省德阳市，随后在重庆、贵州、湖南、湖北一带流行。干锅是将主食炒熟后，装锅吃主食，后加汤煮菜。这样既可以品尝主食的浓郁味道，又可以加汤煮菜吃出鲜美和健康，特点是麻辣鲜香。遵义人在传统的基础上，根据地方特色改良出的干锅较有代表性的是剔骨鸭。

1.乌江鱼豆腐火锅

乌江盛产鲢鱼，草鱼，当地老百姓都统称其为乌江鱼。乌江人民最喜欢的乌江鱼的制作方法是：将虾子的辣椒、优质食用油、姜蒜盐等多种佐料配齐入锅调制成汤汁，用冷水冲入，再将乌江鱼宰杀切片后放入汤锅，文火慢煮至沸，鱼中蛋白质，各种氨基酸逐渐融入汤中，再加上本地用卤水点制的豆腐一起炖煮为，这样不败鱼味，反提鱼鲜，使汤锅具有滑，嫩，鲜，香等特点，最后加入鱼香菜、葱末即可。乌江豆腐鱼火锅，鱼肉鲜美、豆腐滑嫩。最大特点是无论鱼肉还是豆腐都久煮不老，食之无渣，入口即化。这种祖上传下来的方法历史悠久，颇受欢迎，具有独特魅力。正宗的乌江豆腐鱼，一定要选用乌江里原产的鱼，否则做不出乌江豆腐鱼的味道。从江苏或湖南购进的鱼塘饲料饲养的鱼，煮熟食用有很大的泥腥味，鱼肉易粉碎，食用时没有韧性且味道普通，黯然失色。

乌江豆腐鱼火锅

现在在乌江高速公路侧有饮食一条街，家家户户都经营着"乌江豆腐鱼"，这也是遵义旅游业中独具特色的饮食文化品牌。慕名前往乌江的食客络绎不绝，还有诗赞道："鲢鱼豆腐红油光，葱绿蒜白姜丝黄。肥嫩辣烫鲜香满，争食美味忘举箸"。在乌江边的餐厅里，你可以举目远眺，大娄山脉层峦叠嶂、郁郁葱葱；清澈的

乌江景色

乌江豆腐鱼火锅

乌江河自西向东奔腾流淌；白云在湛蓝天空飘逸浮动，清新和煦的山风轻轻拂面而来。食客可以一边欣赏怡人的风景，一边品尝本地特色美食，可谓身心愉悦，一举两得。

2. 鸭溪豆豉火锅

豆豉火锅是贵州独有的美味食品，豆豉火锅美味、下饭、汤底浓郁，豆豉喷香，都不用煮菜，一勺豆豉汤拌下去就能吃两大碗饭。豆豉火锅的灵魂是豆豉，看上去普普通通的豆子，却要耗费几十道工序制成，需要有经验的匠人才能做得出那无可替代的味道。鸭溪豆豉以黄豆为主要原料，利用细菌蛋白酶分解大豆蛋白质，然后用加盐、加酒等方法，抑制酶的活力、延缓发酵过程而制成的水豆豉。鸭溪豆豉火锅使用的豆豉，在煮制火锅时，会有一种淡淡的臭味，初食者可能会有一些误解，不太习惯。但是真正吃的时候你会被它浓郁的香味所征服，久久难忘。而且豆豉中含有很多的豆激酶，可以改善胃肠道菌群，常吃豆豉还可帮助消化、延缓衰老、降低血压、减轻病痛、预防癌症和提高肝脏解毒（包括酒精毒）功能，特别适合血栓患者食用。日本人最爱的纳豆，便是我们所说的豆豉。所以来到遵义的朋友一定不能错过这道健康营养的美味。

鸭溪豆豉火锅

鸭溪豆豉火锅的历史虽然不算太长，但也有 30 多年了。它的美味被越来越多的食客认同，过往客商游人，都纷纷慕名前来品尝。鸭溪豆豉火锅使用菜油炒制的湿豆豉，豆豉一定要炒熟，然后加上一点猪油，再加入红油辣椒、豆瓣酱、糟辣椒，最后放入花椒、胡椒、盐、葱、蒜节混炒后，就制成了美味独特的豆豉火锅底料。食用时，根据人的多少倒适量开水于锅中，放在炉子上，顾客便可随心所欲进食了。吃的时候，将酥肉、三线肉、油渣、豆腐、豆腐皮、茼蒿菜、豌豆尖、生菜、土豆片倒入锅里，食材各自的味道夹杂着豆豉独特的香味，浓郁扑鼻又意外地和谐，这便是它的独特所在。鸭溪豆豉火锅最让人恋恋不舍的，就是它的油渣，这种用三线肉制作而成的油渣，肥瘦适中，又脆又香，既有猪肉和猪油的香味，又没有丝毫的肥腻之感。不仅在火锅中有风味豆豉，在蘸水中也一定要放入豆豉。吃的时候再配上店里的粗粮苞谷饭，简直有种欲罢不能的感觉，让人根本停不下来。

3. 赤水豆花火锅

豆花、腊肉、筒筒笋是赤水饮食"三绝"。在贵州吃豆花首推遵义的赤水市，用赤水河的水不仅能酿制出美酒，也能点出美食。赤水豆花中间没有任何蜂窝眼影响口感，柔软且紧实的口感让人难忘。当你走在赤水的大街小巷时，随处都能看到卖豆花餐的饮店。豆花味美价廉又健康，深受大家的喜爱，用它制作出的豆花火锅也独具特色。

豆花火锅不同于重庆火锅，有麻辣的底料，热气腾腾的容器，满屋子飘香。一般来说，火锅主要是以麻辣为主，但是豆花火锅则去掉了重口味，保留食材本身独特的鲜香味。因为豆花是几乎没有味道的，既可以中和火锅的重味，又突出搭配食材本身独特的味道，这样对有老人或小孩的家庭会更加适合。这种豆花火锅，一般由上下两部分组成，底部是汤和主要食材，上半部分就是当天现做的豆花。厚厚的豆花铺在上面，鲜嫩可口。当你吃完豆花或者用筷子戳开豆花，就会看到满是煮好的菜，再加上赤水特产的竹笋，真是鲜美难忘。豆花火锅的特点是豆花鲜嫩可口。店主每天会提前泡好黄豆，新鲜的黄豆在清晨捞起后，放入豆浆机里，榨出带有一些淡黄色的乳白浆液，将它们倒入锅中，再加入用赤水河水特制的卤水点制，然后便成了细嫩可口的豆花，成为豆花火锅中的绝对主角。还有一些剩余的豆浆则会放入保温壶中，供客人饮用。自制的鲜香豆花火锅加上豆浆，既美味又健康。

豆花火锅

4. 筒筒笋腊猪脚火锅

赤水还有一宝就是筒筒笋，筒筒笋晒干后和腊猪脚一起制作成的火锅，一定让你试过之后再难忘记。赤水的腊猪脚火锅中的筒筒笋是由新鲜青竹笋制成。青竹叶薄而繁茂，蒸腾量大，容易失水，只有在背阳、潮湿、高海拔和有雾的地方，才能很好地生长。赤水竹林茂密高大，竹笋个大肥美，但是竹节上长有环形的硬刺，保护不被动物祸害。可即便如此，也挡不住好吃的人们，对美食的追求。赤水市独特的光照、气温、土壤和水质等地理条件，精密的制作技艺，造就了让人难忘的筒筒笋。它最大的特点是有一定的植物蛋白，而纤维素含量非常高。还含有维生素和氨基酸，特别有利于消脂减肥。

筒筒笋腊猪脚火锅

当地人采摘阴山笋后加工熏烤。竹笋在半封闭状态下，用柴火熏干至外表发黑，水分差不多基本失去即可，然后晾晒储存。每次制作筒筒笋腊猪脚火锅时先浸泡笋 1—2 小时，然后大火煮约 1 小时后，洗净切段，再泡上 1 个小时，接着放入切好的腊猪脚一起熬制三四个小时左右，最后放入适量蒜苗，一锅鲜美浓郁的腊猪脚火锅便制作完成。这样的美味远远地就能够闻到香味，让人食欲大开。最特别的是这个火锅不需要加任何调料，筒筒笋和腊猪脚会相互吸取味道，完美地融合在一起。筒筒笋的笋肉肥厚，又在熬煮的过程中吸收了腊肉的独特香味，鲜美无比；腊猪脚猪皮软糯，猪肉浓香，汤汁浓郁鲜美，让人难忘。

5. 剔骨鸭干锅

余庆是遵义东南角的一座县城，这里有座历史悠久的文化古镇——敖溪镇，当地人研发出了一种剔骨鸭风行整个遵义地区。

剔骨鸭干锅

传说当年杨氏土司有一个媳妇，为了孝敬婆婆，经常研究各种美食。婆婆平时喜欢吃鸭肉，但是鸭肉骨头较麻烦，这位孝顺的媳妇为了让婆婆吃到美味可口的鸭肉，便将鸭肉专门从骨头上剔除下来后再烹饪，这样，一道美味的剔骨鸭逐渐流传开来，成了一道地方土司菜肴。

余庆剔骨鸭一般是选当地麻鸭。这种麻鸭特点是体型中等偏小，喜欢在溪流、河水、稻田、水塘中活动。它们吃水中各种动物植物放养长大，肥瘦适中，营养丰富。余庆剔骨鸭的做法是将鸭肉从骨头上剔下来切片，运用干锅的方法烹制而成后，搭配嫩竹笋、豆芽、芹菜等，略为烹煮即可上桌。这种剔骨鸭最大特点是全无骨头，鸭肉厚度适中，入口香辣化渣。荤素搭配，鸭肉加上鲜嫩的竹笋，口味鲜美浓郁，无腥味，好吃不会上火，老少皆宜，无论下饭佐酒均相得益彰。同时配上一盘酸甜爽脆的自制泡菜萝卜，一碗鸭骨头加上萝卜熬制的汤，搭配麻辣干香的鸭肉一同食用，不仅能开胃解腻，也让口感和味道更有层次。中国人历来喜欢吃鸭肉，除了鸭肉本身的口感外，还在于鸭肉的特质。中医认为鸭肉性味甘、寒，有养胃补肾、消水肿、止咳化痰等作用。鸭肉是"低脂高蛋白，食之不上火"的理想保健食物。

三、洋芋文化

说起遵义的饮食文化，不得不提到遵义一个大受欢迎的平价美食——洋芋。这东西陪遵义老一辈的人度过了最艰苦的年代，在艰苦年代洋芋只能充饥，因为细粮不够吃，所以洋芋充当了填饱肚子的角色，而在"80后""90后"的生活中，洋芋成了最经典代表美食！

洋芋，又称土豆、马铃薯、地蛋等，茄科茄属一年生草本植物，块茎可供食用，是重要的粮食、蔬菜兼用作物。有的地区一年一季，有的地区一年两季种植。地下块茎呈圆、卵、椭圆等形，有芽眼，皮红、黄、白或紫色。地上茎呈棱形，有毛。奇数羽状复叶。聚伞花序顶生，花白、红或紫色。浆果球形，绿或紫褐色。种子肾形，黄色。多用块茎繁殖，可入药。

根据历史文献记载，洋芋是在19世纪上半叶传入贵州的西北地区进行种植的。距今200多年的时间里，洋芋的种植遍布贵州全省，种植面积仅次于水稻和玉米，列全省粮食作物的第三位。

贵州人称马铃薯为"洋芋"，顾名思义乃是国外传入我国的舶来品。马铃薯块茎含有大量的淀粉，能为人体提供丰富的热量，且富含蛋白质、氨基酸及多种维生素、矿物质，尤其是其维生素含量是所有粮食作物中最全的，并且洋芋的吃法多种多样，可炒、可炸、可蒸、可煮，可谓五花八门。其软糯的口感一直以来

受到老百姓的欢迎。

1. 遵义炒洋芋

炒洋芋可谓是遵义街头的经典小吃。各家有各家的做法，各家有各家的不外传的调料配比。要想制作炒洋芋，首先是把洋芋洗净煮熟，再剥皮放在特质的平坦铁锅内翻炒，在翻炒过程中陆续加入调料。切记葱花、折耳根一定要最后加，保持爽脆的口感，最后还要加上各家自做的泡菜，一份香辣可口、咸香软糯的炒洋芋才完成。近几年，遵义的炒洋芋又有了创新——那就是蛋裹辉煌。也就是把炒好的洋芋放在油煎好的蛋皮内，就成了蛋包洋芋。遵义炒洋芋不光以洋芋为主料，顾客还可以要求店家在炒洋芋里加入糯米饭、苕粉、米皮、火腿肠等。

2. 洋芋粑

在遵义的小吃界，洋芋可谓是独霸天下。在街边的小摊上，除了经典的炒洋芋外，最受欢迎的平价小吃就是洋芋粑了。遵义的好吃嘴们对遵义哪家的洋芋粑好吃可是了如指掌。不过好吃嘴们各自都有自己的心头好。洋芋粑的制作过程并不复杂，首先将洋芋洗净煮熟，按压成泥状，然后在洋芋泥里加上少量面粉，将其捏成饼状。加面粉的目的是为了让洋芋粑在炸的过程中定型不散。最后放置到油锅里炸制两面金黄。吃洋芋粑最讲究的还是蘸水，蘸水也是遵义小吃的灵魂。金黄的洋芋粑出锅后，好吃嘴们

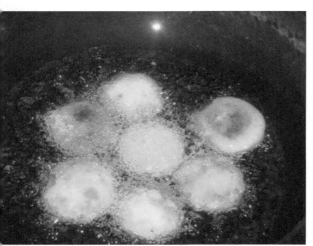

手里拖着小碟子，在里面加上辣椒面、盐、味精、酱油、醋等调料，其中必不可少的便是折耳根。好吃嘴们把洋芋粑蘸着自己打的佐料吃起来外焦里嫩，香脆可口！

四、粑粑文化

1.遵义鸡蛋糕

鸡蛋糕是我国很多地区老百姓喜爱的点心，可甜可咸。遵义鸡蛋糕也是遵义地区有名的点心。据考证，遵义鸡蛋糕已经有一百多年的历史了。最早在遵义的老城制作贩卖。

当时遵义文化名人蒋京老先生用"同新"两字赞誉"同新斋"的蛋糕："同是点心分上下，新来生意望中秋"。杨成武将军在《伟大的转折》一书中，回忆当时遵义会议的情景时写道："……鲜红的橘子、松软的蛋糕，装潢古朴的茅台酒……"，当时任红军团长的耿飚同志在离开遵义行军途中风趣地说：占了遵义连鸡蛋糕都没吃上，很是后悔。可见遵义鸡蛋糕名气已久远。1927年田家"桂香斋"的鸡蛋糕经人带去日本，受到日本商界的赞赏。

食品特点

遵义鸡蛋糕具有色泽金黄、浓香扑鼻、外酥里嫩、甜而不腻、回味悠长的特点。在改革开放前的艰苦年代，遵义人不是什

么时候都能吃上鸡蛋糕的，只有在逢年过节家里款待亲朋好友的时候才端上桌供大家品尝。

鸡蛋糕传统的制作都是靠经验丰富的手艺人完成的。制作鸡蛋糕的主要原料有面粉、鸡蛋、白糖、菜籽油。这些原料看似普通，但要想制作出受遵义人欢迎的鸡蛋糕，关键就是看火烤的技术。烤制鸡蛋糕要看烤制的火力和烤制的时间，没有三五年的经验是不可能烤制出香酥可口的鸡蛋糕的。以前鸡蛋糕都是纯手工制作，随着遵义旅游的发展，鸡蛋糕受到越来越多来遵义旅游的游客的欢迎，鸡蛋糕销量增加，遵义鸡蛋糕现已用传统工艺与机器设备相结合进行工业化生产，如用上了打蛋机、远红外线烘烤炉等机械化生产线及原材料，这样既提高了工效，又提高了质量，满足了广大消费者需求。传统的鸡蛋糕是甜的，现在已经增加了椒盐、葱花等口味。并且为了干净卫生、方便携带，已经有了真空包装的。有机会到遵义，一定别忘了品尝鸡蛋糕。

2. 黄糕粑

南白黄糕粑为遵义县（现播州区）南白镇特产，原料普通，制法独特，兼具"糕""粑"的特点，富有传统风味。其原料为本地上好的大米，糯米各一半，再加两米总和8%—10%的黄豆。将米磨成米浆，糯米蒸熟，黄豆磨浆，掺合拌匀，待浆干后搓揉成团，打成长条形块状，外包斑竹笋壳，用绳扎紧，然后上甑猛

火蒸 2—3 小时，让粑熟透。再小火闷 24 小时左右即可出甑。出甑后水分蒸发"收汗"，粑表面黄亮油润，不粘手、不稀皮。上等的黄糕粑切口断面呈金黄色，细腻而油润，其中的糯米粒晶莹闪亮，吃进口中糯而不粘，香甜可口，有冷食或蒸、炸、烤、煎等吃法。切片蒸食，吃起来绵、软、香、糯，滋润爽口。

蒸制好的黄糕粑呈黄色且十分香甜，所以人们误以为黄糕粑中加入了大量的红糖以着色调味，其实不然，黄糕粑的滋润和香甜，完全是来自制作黄糕粑的原料——糯米和黄豆。混合了黄豆浆汁的糯米饭，在密闭的木甑中经过长时间的蒸煮和发酵，分解出大量的糖分，而糯米饭的色泽也由白变黄，同时也越发香糯，黄糕粑也由此而得名，而这也是黄糕粑的最大特点——本色本味，百味皆由己出。本色本味是食的境界，也是做人的境界，这么看来，黄糕粑也算颇富性情的一道美食。

经过漫长的 20 个小时，黄糕粑出锅了，香气透过湿热的竹叶蒸腾而出。趁热剥去竹叶，黄润晶莹的黄糕粑跃然眼前，糯香、甜香、竹香扑入口鼻又沁入心田，让人垂涎欲滴，食欲大开。

生在贵州，时时得此美味，真可称"幸"事；若旅经贵州，不能尝此美味，倒要当心成了"憾"事。

3. 猪儿粑

猪儿粑是黔北、川南（赤水、泸州、合江、纳溪）一带的传统名小吃，因它蒸熟出笼后形似洁白滚圆的小猪而得名。

在遵义的广大农村地区，每当新米丰收，农村家家户户都忙着制作猪儿粑。猪儿粑是选用当季优质的糯米和当地所产的粳米混合经过淘洗、浸泡，再上笼蒸熟。两种混合的新米蒸熟后，趁热放在石窝里用木槌反复捶打。捶打米团一般需要两个人轮流完成，这可是体力活，待米团捶打得柔软滋润，猪儿粑就算初步完成了。

制作好的猪儿粑晾凉风干，可以存放很长时间。当农忙季节结束，农民们就可以好好休息并品尝丰收的滋味了。寒冬将至，人们把风干的猪儿粑切块，围坐在火炉旁，用回风炉烙熟或加菜油炸熟蘸白糖或者黄豆面食用。丰收的甜蜜滋味围绕在温暖的火炉旁。

4. 碗耳糕

碗耳糕又名"娃儿糕"，贵州遵义地区传统特色糕点。其形状似一个茶碗，故名叫碗耳糕。据考证，碗耳糕距今有100多年了，是遵义的传统特色糕点，碗耳糕有褐黄色，也有白色，具有香甜、绵密、弹牙、富有酒香的特点。想要制作碗耳糕，首先将遵义本地产的粳米进行浸泡、淘洗、磨成米浆、过滤，然后发酵，掺些熟芡、红糖液化过滤，掺在打好的米浆里，加碱拌匀蒸成熟糕即成。虽其制作方法简单、食材用料普通，但遵义的碗耳糕深受大人、小孩的欢迎。

制作过程

（1）选用遵义本地当季出产的粳米，洗净浸泡5小时左右，再用石磨磨成米浆。

（2）将磨好的米浆进行自然发酵，经过发酵后，米浆会呈现自然的酸味，再在米浆中混入红糖或白糖，舀入模具中上笼，以大火蒸七八分钟即熟。

制作关键

1. 加熟芡时，要搅和均匀至无结块，使成品弹性好，有绵韧劲，不腻口。

2. 红白糖沙泥重，需经清水溶解、过滤、去杂质处理，以免影响风味。

3. 掌握好气温与发酵的关系，夏天温度高，发酵时间相对较短。冬天温度低，发酵时间较长，也可加温发酵。发酵结束后，施适量碱中和，除去发酵酸味，突出白糖的甜味和大米的清香味。

遵义的碗耳糕，也算是平价美食的代表。在每个上班上学的清晨，几块钱的碗耳糕带给了我们甜蜜和满足。

五、糖文化

1.苕丝糖

习水县土城镇的苕丝糖已有近百年历史，驰名省内外。苕丝糖以习水当地天然无污染的红薯、蔗糖为原料，采用传统生产工艺，经过蒸、煮、炸、打、捶、压等30多道工序制作完成，具有酥脆可口、甜而不腻的特点，是土城镇一种特色名产。近年来随着旅游业的发展，土城游客日益增多，当地苕丝糖生意红火。如今，在古镇制作苕丝糖的家庭作坊已发展到数十家，具有广泛的市场前景。

说到土城的苕丝糖，还不得不提，发生在1935年的一个故事，当年红军长征"四渡赤水河"的时候，土城的百姓就用苕丝糖犒劳远征而来的红军战士。吃了苕丝糖的红军官兵连连称赞说："没到过赤水河，没吃过苕丝糖，便不知人间还有如此美食"。因而，现在也有人把其称为"红军美食"。

苕丝糖制作工艺复杂、原料天然，深受当地百姓和外来游客的欢迎。其取用土城本地优质糯米、红心苕、白砂糖、饴糖、花生、芝麻、核桃等原料。承罗氏百年祖传工艺，经蒸、煮、煎、搓、揉、压等36道工序精制而成。制作苕丝糖首先将选用的红心苕洗净切丝，拌上磨好的糯米粉，放入高温的油锅中炸制酥脆，再将炸制好的苕丝捞出，另起油锅。在锅里放上猪油，将白糖在

猪油里熬至完全融化，再将炸好的苕丝放进融化的油糖里炒制，等根根苕丝裹上热糖浆，最后趁热捞出放在案板上，撒上炒香的芝麻、花生定型，最后待苕丝晾凉后切块，苕丝糖就算制作完成了。其具有酥脆爽口，香甜不腻，营养丰富的特点，是一种老少皆宜的绿色健康食品，宴请馈赠佳品。

随着土城镇旅游业的发展，苕丝糖的制作、销售带富了土城的老百姓。以前不值钱的红苕如今成了大受欢迎的绿色、健康食品。

2. 糖油果子

糖油果子是遵义的著名传统小吃。其特点是色泽油亮、外脆里嫩、香甜可口。糖油果子形似糖葫芦，一般四五个一串，价格便宜，深受小孩子们的喜爱。糖油果子用料简单，但制作工艺复杂：

制作方法：

（1）将糯米淘洗、浸泡4—5小时，再用石磨磨成糯米粉。待其晾干后，取其适量，加温水和匀成团备用。

（2）起油锅，放入本地产的菜籽油，待油八九成热，一个一个放入糯米团，小火慢炸。刚入油的糯米团由于含有水分，全部沉入油锅底部，随着油温升高，果子慢慢炸熟，全部漂起在油面。待果子捞出，油温继续升高，把果子进行复炸，确保果子外焦里嫩。

（3）果子炸熟后，糖油果子还没有制作完成。另起油锅，放入少量菜籽油，把白糖慢慢炒制融化变成金黄色，再将果子下

入融化的糖浆里，让每个果子充分裹上糖浆，最后撒上熟的白芝麻。这样，糖油果子才大功告成。

3. 米花糖

米花糖是一种我国西南地区的传统甜点。四川、贵州都有。其香甜可口，具有米花清香。米花糖主要的制作原料有糯米、白糖、芝麻、花生等。先要把糯米蒸成七八分熟，再自然晾干使其仍成原米粒状，然后每 5 公斤糯米以 200 克饴糖兑成水，在锅内焙制，俟水干后，再用砂炒，这时 1 粒米可长到 4 粒米大（用猪油或菜油炸有同样效果，为了节约油脂，一般多用砂炒），然后再用白糖和饴糖制成糖浆，将制好的米倒入糖浆内，加上少许的花生、核桃，在锅内拌匀后，倒于案上匣内，捏成方块，再用刀切成小块，即成产品。

制作方法：

（1）选米、蒸米、制阴米：选遵义当季出产的优质糯米，淘洗后用清水泡 10 小时后装入甑内蒸熟，后倒在竹席上自然晾凉阴干，把阴干的米团弄散，再烘干或阴干即成阴米。

（2）油酥米：将阴米倒入锅内，用微火炒，等米微熟后将适量的糖开水倒入米中（100 公斤阴米用 1.88 公斤白糖化开水），把米和糖开水搅拌均匀后起锅，放在簸盖内焐 10 分钟左右，再用炒米机烘

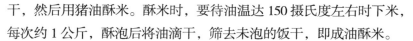

干，然后用猪油酥米。酥米时，要待油温达 150 摄氏度左右时下米，每次约 1 公斤，酥泡后将油滴干，筛去未泡的饭干，即成油酥米。

3.拌糖、开盆、包装：先熬糖，将白糖和饴糖放入锅内，加适量清水混合熬，待白糖和饴糖充分溶解后，将油酥过的米花、花生仁、桃仁和芝麻放在锅内搅拌均匀，待糖浆和米花充分混合后起锅装入盆内，再抹平，摊紧，用刀开块切封。起上案板后包装为成品。

4.麻糖（叮叮糖）

麻糖（麦芽糖），一种能唤起我们童年回忆的街头小吃。麦芽糖的起源已经不可考，据传杜康当年在竹筒里装稀饭，放置七天后变成了酒，杜康十分得意，在老婆面前夸耀自己的才能。老婆不服气："你拿稀饭七日成酒，有什么稀奇？看我把干饭一日变出糖来。"杜康不以为意，老婆却认真起来。她弄了些大麦来铺在地上，清水浇湿让其发芽后，舂碎磨成浆拌和在干饭里装瓮放起来。一个对时的工夫，米饭里果真冒出了糖水；她再把糖水煮一煮，就成了甜甜的糖糊。杜康尝到这麦芽做成的糖，对老婆的能耐心服口服。

多亏古人的智慧，我们才有了麻糖（麦芽糖）。通过浓缩、反复拉扯变白的麦芽糖，就是现在的麻糖。麻糖有止咳化痰、润肺之功效。既能当糖吃，又能作一些中药的引子，还能作为制作泡菜的调料。深受老百姓的欢迎。在艰苦年代，算是遵义地区小孩们的糖果。麻糖的制作工艺相当复杂。首先将麦子泡水一整晚，然后平铺在盆子里，每天浇三次水。三天左右小麦发芽了，连根带苗一起洗干净，将麦苗倒入搅拌机搅碎。将玉米面，放入大锅之中，煮熟直至黏糊状。然后就到了和麦芽环节，将搅碎的麦芽和熬制好玉米糊搅拌在一起，放入大木缸，盖上盖，发酵 5—6 个小时。发酵后，用干净的纱布过滤出汁水，将汁水倒入大锅里，先用大火熬干水分，再调成小火慢慢熬成浆，一直熬到很稠很有粘性为止，这个过程大约八小时，火候一定要掌握好。最后将出炉的又黏又稠的糖浆放在撒好干豆面的盆子里，一锅原糖就此制成。原糖制成后，其状黏稠，可扯成丝，在扯成丝状的麦芽糖上，

撒上些炒熟的豆面和花生面等，就成了小孩子最喜欢吃的丝窝糖。而日常见惯的麦芽糖呈白色晶体状，则是要费熬糖师傅一把力气，初出得原糖为黄色，黄色的原糖要通过不断的拉制才会变得越来越洁白晶莹，拉糖，需要一个很大很结实的挂钩，多为桃木制成。而拉制好的麦芽糖，滚圆成糖粑打包，一个糖粑二十来斤，就可以背到街上去卖了。

　　记得小时候，麦芽糖是可以用粮食来换的，也有些用牙膏壳、橘子皮、鸡鸭毛、旧书报、废铜铁来换。小贩瞄一眼你手里用来交换的东西，一只手将铁片放在"糖粑粑"的边缘，另一只手用小铁锤"叮叮"一敲，就"跳"出一块拇指大小的糖粒来，故麦芽糖也叫"叮叮糖"，跳出的糖粒大小取决于你交换物件的价值多少。而现在的麦芽糖，很少有商贩拿来换粮食，只能用钱去

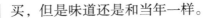

买，但是味道还是和当年一样。

5.麻饼

务川麻饼是贵州省务川仡佬族苗族自治县的地方特产之一。麻饼是仡佬族苗族待客佳品，可口香甜，营养丰富，风味独特。主要选用糯米、玉米糖、白糖、花生、芝麻等，经过搅拌、成型、打麻、烘焙等工序精制而成。

相传早在北宋时代，合肥就生产一种形似铜钱的实心饼，名"金钱饼"，风味可口。又传元末，朱元璋起兵反元时，合肥人张德胜，被朱任为先锋，为了筹办干粮，张到合肥，特制一种大"金钱饼"，就叫麻饼，以饷水军，因此士气大振，击败元军，夺取采石天险。朱闻讯后，称之为"得胜饼"，张死后，被追封为蔡国公，故又称"蔡国公饼"。麻饼是历史悠久的正宗川点。椒盐麻饼除了麻饼的皮薄芯多、馨香味素等特点外，配料中有花椒、食盐，成为纯甜、微麻、略咸的特殊风味，为川点中的名品。

大致流程为（以糯米为料）：做米子（将糯米蒸熟，用米面拌和搓散，再用石碓将糯米春扁，置于通风背阴处自然晾干）—炒米花（将米子用"河砂"炒成米花）—扣麻糖（将麻糖装入盆内放入锅中密封蒸成汁）—打麻饼（将米子与糖汁趁热搅拌和匀，放进麻饼箱内，压榨成块，将成块的麻饼切成薄块片，亦可首先将米子染成红色或绿色，使之交织成花色）。麻饼有香、甜、脆的特点，深受大众喜爱，是务川特色食品之一，也是务川人逢年过节必备的待客食品。

后　记

　　《文旅遵义》一书是遵义师范学院学术著作出版基金资助成果，遵义师范学院历史文化与旅游学院旅游学科团队从 2019 年 4 月开始搜集资料，经过半年多的努力，顺利完成了本书的编写工作。

　　本书第一章、第二章由禹玉环执笔，第三章由陈奉伟执笔，第四章由何学海、黄冬梅执笔，第五章由刘赟、唐玮执笔，第六章由郎丽娜、田烃执笔，第七章由余昊、于天执笔。

　　本书从整体构思、搜集资料、实地调研到整理成文，历时半年。在本书撰写过程中，遵义市文体旅游局、遵义各县区市文体旅游局、遵义会议纪念馆、四渡赤水纪念馆、海龙屯景区等给予了大力支持和帮助，上海师范大学高峻教授、卢松教授、李名亮教授、郭鑫博士等对本书的编写给予了精心指导，学校领导和同事对本书的编写给予了关心和支持。在此，再次向所有提供帮助、指导和关心的领导、专家和同人表示诚挚的感谢！

　　本书在编写过程中参考了大量前人的研究成果，但由于时间仓促，编者水平和能力有限，本书难免存在错漏和不足，敬请各位专家学者批评指正。

编者

2019 年 8 月